# みかぐらうた略解

上田嘉太郎
Yoshitaro Ueda

道友社

# はじめに

『みかぐらうた』は、たすけ一条の道の根本であるつとめの地歌であります。平易な言葉で、数え歌の形式をもって、しかも手振りも付けてお教え頂いていますから、非常に親しみやすいものですが、いざその意味を解釈するとなると、なかなか難しいものがあります。譬え（たと）や象徴的表現、さらには多義性、重層性など、一つひとつの言葉や唱句に込められた神意の深さ、広さは到底味わい尽くせるものではありません。しかし、それだけにおつとめを勤める者はもとより、参拝し唱和する者も、一層お歌の真意に近づきたいと願い、努めない者はありません。

また一方では、親しみやすいだけにそれぞれ身に付いた悟りがあって、その溝を埋めるのは容易でないという側面もあります。

かつて、教祖百十年祭の前に、『みかぐらうた』解釈の勉強会がありまして、そうそうたる顔触れで、月二回、三年間やりましたが、結局、統一的な解釈案をまとめることはできませんでした。

しかし、どうしても合意できなかった箇所は多くはなく、有益な議論や暫定的とはいえ合意に到（いた）った内容までもが埋もれてしまうのは、あまりに勿体（もったい）なく残念に思っていました。勉強会を閉じるに際して、結論に到らなかった所は複数意見を並記する形でまとめた暫定案を作り、それを踏まえて各自が解釈案を出すようにということで、私も提出しました。

その小生の案に基づき、本芝（ほんしば）大教会などで実施した『みかぐらうた』の講義をベースに、検討・加筆してまとめたものが本稿です。

その『みかぐらうた』解釈の勉強会で叩（たた）き台になったのは、『みかぐらうた略注』です。これは父・嘉成（よしなる）が、二代真柱様の「本部として出すことはできないけれども、何も無いというのでは不親切だから、指針となるものをまとめよ」、とのご指示を頂いて作ったと聞いています。

そんな次第で、本書は『みかぐらうた略注』（以降、引用時は『略注』と表記）のスタイルを踏襲した私の解釈案に、それぞれのお歌についての説明を付け加えた形式になっています。説明が長くなっているお歌もありますが、解釈が分かれるお歌、難解なお歌については、読者の皆さんもそれぞれに見解をお持ちでしょうし、さらなる思案の参考にもなるかと思い、異なる解釈や意見にも言及しました。

# 目次

# かぐらの歌

「つとめはかぐらを主としてておどりに及ぶ」（『稿本天理教教祖伝』第五章）とありますように、かんろだいを囲んで勤められるかぐらづとめが、より理が重いことは申すまでもありません。かぐらのお歌は、慶応二年の秋に、まず第一節の原形である「あしきはらひたすけたまへ　てんりわうのみこと」が教えられて以来、明治三年に第二節「ちよとはなし」、明治八年に第三節の原形「いちれつすますかんろだい」を教えられ、明治十五年に、第一節、第三節が現在の形に改められるまでに十七年を要しています。

この間のおつとめの勤められ方の変遷には分からないことが多いのですが、お歌の変遷と見えるものは、教祖が人々の成人の段階や状況に応じて採られた、つとめの完成へ向けての段取り、過程の一環と考えられます。

かぐらのお歌は、朝づとめ、夕づとめでも唱えられる親しみ深いものです。真実のたすけへの道筋を簡潔にお示し下さる含蓄深いお歌です。

## 第一節

**あしきをはらうてたすけたまへ**
**てんりわうのみこと**

**諸々(もろもろ)の悪いことを一掃して、どうかおたすけ下さいませ**
**親神天理王命。**

第一節は、人間が親神様に対して〝あしきをはらって、おたすけ下さい〟と、親神様の神名を繰り返し唱えて祈願するお歌であります。

「あしき」は、よくないこと、悪いことです。悪は、天災、病気などの自然的悪と、人倫に反する行為などの道徳的悪の総称です。「はらう」に漢字を当てると、1「払う・掃う」、2「祓う」となり、両者の語源は同じですが、1が「振り落とす、ちりなどを除き清める、邪魔・不用なものを取り除く」などとあるのに対し、2は「神に祈って汚穢・災厄・罪障などを除き去る」とあります。「たすける」は、脇から手を添えるなどして悪い状態から救うことです。「てんりわうのみこと」、親神様の神名です。漢字を当てれば「天理王命」、字義通りの意味は、天の理法を以て支配する神様です。人間世界をお創り下され、今も変わることなくご守護下さる元の神様、実の神様であります。

『略注』では、第一節の通釈は、「一切のほこりを心から払い、諸々の疾病災厄を一掃してどうかお救けくださいませ」と、「あしき」を心のほこりと病気や災難の両方を含めた解釈になっています。

因みに、『御神楽歌述義』（中山新治郎編）には、「あしきトハ罪悪及ビ禍害ナリ」とあります。また、疾病を全ての禍害を代表するものと付言しています。

この「あしき」の解釈が大いに議論になりました。第一節の重要性に鑑み、いま少し思案をしてみたいと思います。

慶応二年秋、第一節の原形「あしきはらひたすけたまへ　てんりわうのみこと」のお歌と手振りを教えられる直前に、小泉村不動院の山伏による乱暴狼藉がありました。初代真柱様の『教祖様御伝』には、「此乱暴ある迄ハ只南無天理王命と連呼せり、然るニ此時より神様を拝するニ始めて、あしきはらひたすけたまひ天理王命と手を御つけ遊されたり」とありまして、当時のお側の人達は「あしき」を災難の類いと受けとめた様子が窺えます。

また、この元のお歌は、現在おさづけを取り次ぐ時に唱えているお歌そのものです。実際、私達がおさづけを取り次ぐ時、「あしきはらひたすけたまへ」、と唱えながら何を念じているかというと、この悪しき状態、即ち、病気を治して頂きたい、体の悪い状態を解消して頂きたい、ということではないでしょうか。

明治十五年に、二段まで積まれたかんろだいが取り払われた後、第三節が「いちれつすます」から「いちれつすまして」と変わった時に、第一節の「あしきはらひ」

も「あしきをはらうて」と変わったとされています。接続助詞「て」が付くことで、〝あしきをはらう〟と〝たすけたまへ〟の前後関係は明確になりましたが、基本的な意味は変わらないと思います。そうしたことから、この「あしき」は、病気、天災、事故、さらには戦争、貧困、罪科といった諸々の悪いこと、よくないものを意味すると考えます。

実際のおつとめにおいて、どのような「あしき」の解消を願うかは、かぐらづとめと教会の月々のつとめとでは、その比重に違いがあるでしょう。また、朝夕のおつとめや個人でするおつとめとなると、より身近な「あしき」が念頭にあるでしょうし、その人の置かれている状況によっても変わり得るものです。

一方で、「あしき」を心のほこりとする解釈も根強いものがあります。「あしきをはらうて」のところの手振りが胸三寸を払うと説明されることから来るものと思われます。この場合には、「はらう」のが神か人かという問題にもなります。

『略注』の通釈では、はらうのは神様だと思われます。疾病、災厄だけでなく心のほこりも親神様に祓(はら)って下さいとの祈願だとする解釈です。

これに対しては、心のほこりは親神様に祓って頂くものか、という疑問が生じます。心は銘々のものであり、自由に使うことが許されています。したがって、心のほこりも基本的には、銘々が自分で払うようにと、八つのほこりを教えられ、その説き分けがなされているのではないでしょうか。他面、自分では気付かないほこり、知らず識(し)らずに積み重ねるほこりがあるのも確かですし、それは疾病、災厄の元にもなります。よって、疾病、災厄と共に、そうした心のほこりや自分では払いきれないほこりをも祓って下さいとの祈願かと思われます。

「あしき」をもっぱら心のほこりと解する説では、人がほこりを払うとして、〝心のほこりを払いますから　おたすけ下さい〟となります。

この解釈に対して、まず感じるのは、国語的に考えて、「はらうて」を〝払いますから〟と解釈できるのかという疑問です。

また、悪いことの元は心のほこりにあるとしても、一足飛びに、あしきをほこりと読み替えるのは無理ではないでしょうか。つまり、あしきとほこりは違うということです。また、〝心のほこりを払いますから　おたすけ下さい〟という、何かねじれた取引的なお願いの仕方にも疑問を感じます。

『おふでさき』には、「よろづよにせかいのところみハたせど　あしきのものハさらにないぞや（一 52）」、続いて「一れつにあしきとゆうてないけれど　一寸のほこりがついたゆへなり（一 53）」とありまして、誰一人として悪い人間は居ないが、そう言われるのは一寸（ちょっと）ばかりほこりが付いたからだと、あしきとほこりを区別しておられます。また、「ちよとはなし」のお歌で、「あしき」のところで手枕の格好をしますが、これは病で以て「あしき」を代表させていると見ることができます。「せかいぢうどこのものとハゆハんでな　心のほこりみにさハりつく（五 9）」とは、まさに心のほこりが原因で、その結果として「あしき」が現れるとの仰せです。

「ほこり」という譬（たと）えは、自分でも心掛ければ払える程度の、悪とまでは言えない小さな心得違いを言い、「あしき」は、そのほこりが積もり重なって容易には取れない、いわば、こびり付いた状態がもたらす結果、即ち病をはじめとする悪い状態を指すのだと思います。

心のほこりを払うことは、ようぼくたる者が常日頃心掛けるべき大切な心得ですが、いったん悪い状態に陥った時には、ほこりを払うだけではなく、さんげ、心の入れ替えと、おつとめ、おたすけ、ひのきしんといった、より積極的な信仰実践が求められるのではないでしょうか。

私は、おつとめにあっては、もっと素直に、病気、災難などの諸悪を祓っておたすけ下さいませ、と親神様にひたすらお縋(すが)りして、たすけを乞(こ)い願うのが自然なお願いの仕方だと思います。

この話が出ました時に、かんろだいを囲んでのかぐらのおつとめでは、胸三寸というよりもっと大きく払っているように見えるという声もありました。となると、果たして胸三寸を払う、即ち、澄み切りの手と同じという説明が適切かという問題にもなってきます。

勉強会の暫定案の通釈は、『略注』とほぼ同じですが、その後に、〝ひたすら親神様にお縋りし、「てんりわうのみこと」と、神名を唱えてご守護を乞い願うお歌である。同時に、胸三寸を払う手振りによってお教え下されているように、諸悪の元である心のほこりを払う胸の掃除に、自らも努めることをお誓いすることが肝要である〟と補足されています。

ともあれ、この〝おたすけ下さい〟との繰り返しての祈願に対する親神様の応答が第二節、そして第三節です。

## 第二節

ちよとはなし　かみのいふこときいてくれ
あしきのことはいはんでな
このよのぢいとてんとをかたどりて
ふうふをこしらへきたるでな
これハこのよのはじめだし

一寸話をする。親神の言うことを聞いてくれ。悪いことは言わないから。

**親神は、この世の初まりに、地と天とを象って夫婦を拵え、今日に至った。これはこの世人間創め出しの真実である。**

この後に、「なむてんりわうのみこと」と神名を唱えます。「なむ」は、元々は帰命、帰依を意味する梵語です。親神様のお言葉を受けて、神名を唱え、心の底から従い、お縋りすることを誓います。なお、かぐらづとめ、あるいは教会の月次祭、大祭の場合には、続いて「よしよし」と唱えます。人々の帰命の誓いを良しと頷いておられるお言葉と思われます。このお歌と手振りは明治三年にお教え下さいました。

これは「たすけたまへ」と、人間が繰り返し神名を唱えて祈願する、お縋りすることに対する親神様からの応答です。第二節では、親神様はまず、「一寸話をする。親神の言うことを聞いてくれ。悪いことは言わないから」と、非常に懇切な前置きをなさってから本題に入られます。また、「あしきをはらうて」と人間が唱えているところの悪しきに呼応するかのように、悪しきのことは言わない、と請け合っておられます。この悪しきの手振りが手枕の格好であることからも、悪しきの代表格が病気であることが窺えます。

そうした懇切な前置きに続いて、本論は「このよのぢいとてんとをかたどりてふうふをこしらへきたるでな」、この世界の大地と天を象って夫婦を拵えて今日に至った、と仰せになり、これがこの世の創め出し、即ち人間世界創め出しの真実の話だと続けられます。『おふでさき』には、「このよふのぢいと天とハぢつのをやそれよりでけたにんけんである（十 54）」とありまして、天地の理を象るとは、月日親神様の理を受けることでもあります。

親神様が陽気ぐらしを見て共に楽しみたいと、人間世界をお創めになるに際して、最初になさったのは、うをとみとを引き寄せて夫婦の雛型（ひながた）を拵えることでした。言い換えれば、陽気ぐらしへ向けての人間創造の第一歩が夫婦の雛型の創出であり、それぞれの雛型に月日親神様が入り込まれての一手一つの働きによって、元の子数が宿し込まれた、即ち陽気ぐらし世界実現への具体的な歩みが始まったということです。これは元初まりの話の核心部分です。そこから人間の夫婦も、この世の元初まりの理を戴く、天地の理に倣うものであり、夫婦が親神様の思召を体して一手一つに働くことが、家の治まり、世の治まり、陽気ぐらし世界への道の出発点、土台だ、と仰しゃっていると解せます。こうしたことにも窺えますように、お道では夫婦の理合いに非常に重きを置いてお教え下さっています。

第一節で、「たすけたまへ」と、繰り返し神名を呼んでたすけを願う人間に対して、たすかるための理の話をなさっていると申せましょう。それは元の理のお話の核心部分、即ち、天地を象った夫婦の理合いと、その一手一つの働きが陽気ぐらしへの道の出発点、土台だと、いわば、人間の創り主ならではのたすかるための基を明かされている、ということです。まさに、元を教えてたすける本教ならではのご教示であります。

また、元初まりの夫婦の雛型に月日親神様が入り込んで元の子数を宿し込まれたということから、人類は皆、親神様の子供であり、人間お互いは一れつ兄弟姉妹であることが分かります。親神様がお望みになるのは世界一れつの陽気ぐらしであり、それが究極のたすかりです。その意味では、銘々のたすかりに留まらない真のたすかりのためには、一れつ兄弟姉妹の自覚と融和、たすけ合いが求められることにもなります。それが第三節に続きます。

元の理の話は、単なる過去の話ではありません。いわば、現実世界の在り方の根拠、たすかるための原則を明かされたお話であります。

## 第三節

**あしきをはらうてたすけせきこむ**
**いちれつすましてかんろだい**

**親神は諸々の悪いことを一掃して　真実にたすけてやりたいと急き込んでいる。そのたすけとは世界中の人々の心を澄まして、かんろだいを名実共に建て上げることである。**

このお歌と手振りの元の形は、明治八年にお教え頂いたとされています。異説もありますが、その時のお歌は「あしきはらひたすけたまへ　いちれつすますかんろだい」だったと推定されます。そのきっかけになったのが前年の十二月、山村御殿での取り調べの後、「天理王という神は無い」と、中教院により神名を否定されたことです。その結果、公然と天理王命と唱えておつとめをすることができなくなりました。そこで第一節に代えて「あしきはらひたすけたまへ　いちれつすますかんろだい」のお歌と手振りを教えられたと考えられます。「てんりわうのみこと」のところが「いちれつすますかんろだい」と変わっているだけで、人間が親神様に祈願していることに変わりはありません。かんろだいに向かって祈念しているというお歌です。ただし、「ちよとはなし」の後に勤められました。

　それに関連するご逸話、『稿本天理教教祖伝逸話篇』五一「家の宝」に、明治十年のこととして、教祖がお召しになっていた赤衣（あかき）を脱いで村田亀松（かめまつ）に着せられ、「これを着て、早くかんろだいへ行（い）て、あしきはらひたすけたまへ　いちれつすますかんろだい　のおつとめをしておいで」と仰せられた、とあります。これは神名の取り払いがなければ当然「あしきはらひたすけたまへ　てんりわうのみこと」のおつとめが勤められるはずのところを、これに代わるものとして、「あしきはらひたすけたまへ　いちれつすますかんろだい」のおつとめが勤められていたことを示す例と申せます。

それが明治十五年、かんろだいの石の取り払いの後、「あしきをはらうてたすけせきこむ　いちれつすましてかんろだい」、即ち、「あしきはらひ」が「あしきをはらうて」に、「たすけたまへ」が「たすけせきこむ」、「いちれつすますかんろだい」が「いちれつすましてかんろだい」と変わりました。

これは単なる言葉尻の変更ではなく、全く別の歌になったと言っていいほどの変わりようです。何よりも人間が唱える形から、神様が仰しゃる形に変わりました。また、この時、神名の取り払い以来、少なくとも公然とは勤められていなかったと思われる第一節が、「あしきをはらうて」への変更を伴って復活したと考えられます。ここに「かぐら」のお歌が、一節、二節、三節と、今日勤められているのと同じ順序、即ち、あるべき形に整えられたと申せましょう。

この明治十五年のお歌の変更については、かんろだいの取り払いにより「いちれつすますかんろだい」が「いちれつすましてかんろだい」と変わったと言われていますが、むしろ、第一節が復活することによって、当初の第三節は役目を終え、本来の第三節の形になったと言うべきでしょう。

だからこそ、当初から〝かんろだいのだし（出だし）〟とされた「ちよとはなし」の後に勤められたと思われます。実際、一節と三節の古い形、即ち、「あしきはらひたすけたまへ　てんりわうのみこと」と「あしきはらひたすけたまへ　いちれつすますかんろだい」の両方を同時に勤めることは考えられません。両者は共に同様の趣旨の祈願のお歌ですから。

『略注』を見ますと「あしきをはらうてたすけせきこむ」の「あしき」が「世界中の人間の心から一切のほこりを掃除して一日も早く世界一列を救けたい」となっていまして、第三節の「あしき」の解釈には、第一節の通釈にあった疾病、災厄が入っていません。つまり、神様の目からご覧になっての「あしき」であり、それは結局のところ心のほこりだということかと思われます。しかし、その場合にも、第一節の場合と同様、「あしき」と「ほこり」は違うのでは？ といった問題が残ります。私は、現行の第三節は模様替えの結果、親神様が仰しゃる形になりましたが、「あしきをはらうて」の意味は、第一節と同じだと思います。

しかし、「たすけせきこむ」の「たすけ」の意味は変わっていると思われます。親神様が急き込んでおられる「たすけ」と、人間が「たすけたまへ」と願う時の「たすけ」とは意味が違う。人間がたすけてほしいと願うのは、苦しい状態、困っている状態からなんとか救い出してもらいたい、ということですが、その人間にとっての悪い状態は、親神様が真にたすけるために見せておられる手引き、意見や残念、立腹といったお知らせです。したがって、親神様の仰しゃっている「たすけ」は、人間にとっての悪い状態の解消ではなく、いわば真実のたすけ、究極のたすけです。これを「せきこむ」急き込む、強く急いでいる。

その真実のたすけとは、「いちれつすまして」、世界中の人々の心を澄まして、「かんろだい」。ここの解釈では、世界一れつの心を澄まして、しかるのち、かんろだいを建てる、と言われたりしますが、かんろだいの建設は、ただ形の上で建てることに留まるものではありません。実際に、かんろだいに「かんろ」が降るような世の状態、名実共にかんろだいが建ち上がる世の姿を親神様はお望みになっています。これが真実のたすけ、究極のたすけだということです。

　お釈迦様が生まれた時に甘露が降ったという言い伝えがあります。それが釈迦の誕生を祝う花祭りで、釈迦像に甘茶をかける儀式の起源とかで、甘露は不老長寿の霊薬と言われています。

　しかし、お道で言うかんろだいは、「にほんにハはしらをたてた事ならば　やまずしなすによハりなきよに（十　11）」と仰せられますように、人々の心が澄み切った暁に、かんろだいが名実共に建ち上がり、病まず死なず弱らずの理想世界が実現するというものです。今日では、親神様がお望みになる世の中の表現として、陽気ぐらしという言葉が定着していますが、かつては、かんろだい世界と言われていたようです。そうしたかんろの降ってくる、天からぢきもつの下がってくる世の中では、人皆病まず死なず弱らずに、百十五歳の定命を享受できる。そのためには、世界中の人々の心が澄み切ることが前提になる。これこそが親神様のお急き込みになっている真実のたすけであります。『おふでさき』には、「にんけんをはじめかけたるしよこふに　かんろふたいをすゑてをくぞや（十七　9）」「それまでにせかいぢうをとこまでも　むねのそふぢをせねばならんで（十七　11）」とあります。

　諸々の悪しきをはらって、真実のたすけを急き込む、と仰しゃっているわけですが、急き込むと仰しゃるということは、親神様だけでは真実のたすけは成就できないということでもありましょう。なぜなら、真実のたすけの前提である世界中の人々の心を澄ますためには、人々がお道の教理を弁（わきま）え、自らの胸の掃除に努め、胸の内を澄ます努力をする必要があるからです。そして、そのためには、親神様の思召を体したようぼくによる布教、おたすけ活動が欠かせません。そうした、いわば神と人間との協働と申しますか、親神様のご守護の下、ようぼくの働きが相まって、世界一れつの心が澄んでいくのであります。

　かぐらの第一節では、人間が親神様に、諸悪を祓ってどうかおたすけ下さいませ、と繰り返し唱えてお縋りします。

それに応えて第二節「ちよとはなし」では、元を教えてたすけると仰せられるように、元の理の話の核心部分、天地抱き合わせの理を象る夫婦の理合いを説いて、その一手一つの働きこそが人間世界の初まりであり、家の治まり、世の治まり、陽気ぐらしへの道の土台であり、出発点だと、万人共通のたすかるための元、原理を明かされます。

さらに第三節で、親神様は、諸悪を一掃して、早く真実にたすけてやりたいと急いでいる。そのたすけとは、世界中の人々の心を澄まして、かんろだいを名実共に建て上げることであると、本教の目指すところ、目標を示し、そのためにも神意を体したようぼくの働きを促されます。

このように、第一節で繰り返したすけを願う人間に応えて、親神様は二節で人間の元を明かし、三節で目指すべき目標を示して人々を真のたすかりへと導かれます。

# よろづよ八首

「よろづよ八首」は、明治三年にお教え頂きました。すでに慶応三年に教えられていた一下り目から十二下り目までのお歌の前に置かれたことから、よろづよ八首を第四節、一下り目から十二下り目までを第五節と呼んだりもします。これは『おふでさき』第一号の一番から八番までのお歌を歌いやすくと申しますか、五七調にし、節、手振りを付けてお教え下さったものです。『おふでさき』の第一号は明治二年のご執筆ですから、「よろづよ八首」の原型は明治二年に出来ていたことになります。『おふでさき』の冒頭だということからも分かるように、非常に重要な一連のお歌です。全体として仰しゃっているのは、立教に当たっての親神様の思召、立教の由縁です。

よろづよのせかい一れつみはらせど
むねのわかりたものはない

すべての時代にわたって、世界中を眺め渡しても、誰一人として神の思いの分かった者はいない。

「よろづよ」、漢字を当てれば「万代」「万世」となるでしょう。この世の元初まり以来、今日に至るまで。「せかい一れつ」、これは横の広がりです。両方を一言でいえば、古今東西。「むねのわかりたものはない」、これは親神様の思召の分かっている者は無い、と解釈するのが標準です。

この「わかりた」の解釈を『略注』では「誰一人として心が澄みきって、をやの思いの分かった者はいない」としていて、「澄みきって」という言葉が入っています。つまり、この「むね」は、神の胸であるだけでなく、人間の胸でもあるということです。実際、『おふでさき』には、人間の胸が澄むという意味で〝わかる〟という語が使われているお歌が何首もあります。澄み切るとあるのは、〝分かる〟とか〝別れる〟とかいう言葉の元になる物理現象から来ているらしいのです。即ち、器に泥水を入れて、しばらく放置しておくと、上澄みと泥に分離しますが、そのように混沌とした状態が、分明なと申しますか、はっきりと区別できる状態になることが、分かるとか、別れるという言葉の元になっている現象だそうです。心が澄んでこそ、をやの思いが分かるということです。この澄み切ってというニュアンスは尊重したいと思います。本教では人の心を水に譬え、心のほこり、特に欲を泥に譬えてお説き下さっていますが、それはまさに単なる比喩を超えた本質的な表現だということです。

そのはずやといてきかしたことハない
しらぬがむりでハないわいな

それも尤もである。これまで親神の思いを説いて聞かせたことがないのだから、

## 何も知らないのは無理でない。

『おふでさき』には、「そのはづやといてきかした事ハない　なにもしらんがむりでないそや（一　2）」とあり、第一歌の「むねのわかりたものはない」は、単に親神様の思いを知らないというだけの意味ではないことを示唆しています。次歌以降、万事を元々の由来に遡（さかのぼ）って詳しく教えると仰しゃいます。

**このたびはかみがおもてへあらハれて**
**なにかいさいをとききかす**

**この度は、旬刻限の到来により、親神が教祖をやしろに、この世の表に現れて、どんなことも委細を説き聞かす。**

「このたび」、立教、約束の年限の到来です。「かみがおもてへあらハれて」、親神が、元初まりの女雛型（ひながた）、母親のいんねんある魂を持つ教祖に入り込む形で、この世に顕現し、その口を通して、「なにかいさい」、「いさい」は漢字を当てると委細で、どんなことも詳しく細かしく説いて聞かせる。これは一切じゃないかという説もありますが、〝いっさい〟という場合は、『おふでさき』の表記法では〝いゝさい〟となります。元になる『おふでさき』の下の句は、「なにかいさいをといてきかする（一 3）」となっています。

**このところやまとのぢばのかみがたと**
**いうていれどももとしらぬ**

**ここ大和（やまと）のぢばは、神の坐（おわ）す所と言っているが、その根本の由来は知らない。**

「かみがた」は神館の約（つづ）まったものという説もありますが、素直に考えれば〝神方〟ではないでしょうか。「方」には、ところ、場所という意味があります。ですから、神の所、神の坐す所となります。ここは、大和にあるぢばで、神の坐す所と言っているけれども、その元は知らない。即ち、ぢばの由来、陽気ぐらしを見て共に楽しみたいと人間を創(はじ)め出された地点であり、その故を以(もっ)て親神様が天降(あまくだ)られた所だとは知らない。

ぢばについては、慶応三年に教えられた第五節の中に、「こゝはこのよのもとのぢば（五下り目）」「かみのやかたのぢばさだめ（十一下り目）」とあり、熱心な信者達は、すでに唱え、お手振りをしていたはずです。

**このもとをくはしくきいたことならバ**
**いかなものでもこいしなる**

**この元々の由来を詳しく聞いたならば、どんな者でも皆、ぢばが恋しくなる。**

何故(なにゆえ)恋しくなるかというと、人間は皆このぢばで、親神様によって創(つく)り出されたことを知るからです。自分達のふるさとだ、真実の親のいらっしゃる所だ、と聞けば、誰でもぢばが恋しくなる。詳しくと仰しゃっていることからしますと、元初まりの話の一部始終でしょう。

**きゝたくバたづねくるならいうてきかす**
**よろづいさいのもとなるを**

**その元を聞きたいと訪ねて来るならば、万事の委細にわたって、その根本のいわれを言って聞かせる。**

『おふでさき』では、「もとのいんねん（一 6）」となっていますから、元初まりの親神様の思召に遡っての話でしょう。

かみがでゝなにかいさいをとくならバ
せかい一れつ いさむなり

親神が世の表に現れて、どんなことも詳しく事細かに説くならば、世界中の人々は皆一様に勇み立ってくる。

「一れつ」は、同じ程度、同列といった意味です。また、そのぐるっと回る手振りから、広がりをも意味します。

一れつにはやくたすけをいそぐから
せかいのこゝろもいさめかけ

親神は世界中の人間を皆隔てなく、早くたすけたいと急いでいるので、世界の人々の心をも勇ませてかかる。

「はやく」「いそぐ」と重ねて仰せられ、世界たすけを非常にお急ぎになっています。「せかいのこゝろもいさめかけ」、「せかいのこゝろ」は世界の人々の心、「いさめかけ」は勇ませてかかる、という意味です。「勇む」は自動詞として使うことが多いのですが、この場合は他動詞で、「勇ませる」という意味です。下二段活用の他動詞で、世界の人々の心も勇ませてかかる、となります。

　ここも勉強会で議論になったところでありまして、「勇みなさい」という意味なんだ、という解釈も出ましたが、その場合には「勇みかけ」となります。『おふでさき』を見ましても「せかいの心いさめかゝりて（一　8）」とあります。『おふでさき』の中では「勇める」という言葉を「勇ませる」という意味で再々お使いになっています。「励ます」「力づける」「元気を出させる」といった意味合いです。

　また、「せかいのこゝろも」と、『おふでさき』にはない「も」の挿入による意味の変化を問う向きもありますが、神が一れつたすけを急ぎに急いでいるのだから、人々の心もいずんでいたり、じっとしていたりするのではなく、勇ませるということでしょう。

「よろづよ八首」は『おふでさき』の冒頭のお歌に由来します。古今東西、神の思いが分かっている者は誰もいない、この度は神が世の表に現れてどんなことも説いて聞かせる、と仰しゃって、この世の万事の元を教えて、世界中の人間を勇ませてたすける、とご宣言になっています。元を教えて勇ませてたすける。これは天理教の教えの重要な性格です。てをどりのお歌の冒頭と申しますか、むしろ三原典の筆頭である『おふでさき』の冒頭で、そうした本教のたすけの特質をはっきりとお述べになっています。

『おふでさき』では、「いちれつにはやくたすけをいそぐから　せかいの心いさめかゝりて（一　8）」の後、「だん〳〵と心いさんてくるならバ　せかいよのなかところはんじよ（一　9）」と仰せになっています。世界の心を勇ませる、その心が勇んできたならば、「よのなか」というのは豊作という意味です。「はんじよ」、商売、生業（なりわい）が繁盛する、と仰しゃっています。これは一下り目、二下り目の内容に通じるもので、後から付け加えられた「よろづよ八首」は、かつて「序歌」と呼ばれたということですが、十二下りのお歌への繋がりはスムーズです。さらに続いて、「このさきハかくらづとめのてをつけて　みんなそろふてつとめまつなり（一　10）」「みなそろてはやくつとめをするならバ　そばがいさめバ神もいさむる（一　11）」とお記しになっています。世界の心を勇ませる、勇んでくれれば豊作、繁盛、と仰しゃっている〝勇み〟の姿の最たるものがつとめであり、その勇んだ姿に親神様もお勇みになり、ご守護もどんどん頂戴できるという次第です。親神様にお勇み頂けるような勇んだおつとめの大切さを思わずにおれません。

# 一下り目

一下り目の主要なテーマは〝豊作〟です。「衣食住」と申しますが、食べることは、最も基本的な人間の営みであります。その食を得る営みの代表的なものである農業、農事に寄せて、信心の有り難さをお歌いになっています。

一ッ　正月こゑのさづけは
　　やれめづらしい

**正月早々に肥のさづけとは、何と、滅多にない格別なことだ。**

「やれ」は感動詞です。何と。「めづらしい」珍しいは、ただ単に数が少ないというだけでなくて、〝愛づ〟が語源とされていることから分かるように、滅多にないほどに素晴らしいという意味です。本来、悪い意味では使いません。

肥のさづけは、これを戴いた者が、糠三合、灰三合、土三合を神前に供えて祈念し、各自の田に置くと金肥（油粕などの購入する肥料）二俵分の効き目があったとされています。『稿本天理教教祖伝』には、「長の道中、路金なくては通られようまい。路金として肥授けよう」（48ページ）とありますが、路金は旅費という意味で、お道を通る上での拠り所、手掛かりになるということです。これは今日のさづけの理についても言えることでしょう。

一二　につこりさづけもろたら
　　　やれたのもしや

その嬉しさで、にっこり。さづけを貰ったら、何と心強いことよ。

「にっこり」、さづけを戴く嬉しさで、思わずにっこりと顔がほころぶ。道の路金と仰せになる肥のさづけを戴いたからには、金肥の心配をせずに、安心して道を通れるわけですから、実に心強い。

にっこりとさづけを貰う様子が頼もしい、との解釈もありますが、その場合には頼もしいのは、教祖から見てのさづけを戴いた人になります。

なお、「にっこり」は、三ニさんざい、四ニしつくり、といった数え歌の口調の上から挿入された、以下の文脈と親和性のある語のようにも思われます。

三ニ　**さんざいこゝろをさだめ**

**その喜びをもって、誠真実の心を定めよ。**

この「さんざい」の解釈が難航しました。「さんざい」については、散々議論をしたのですが、結局まとまりませんでした。しかし、「三に、さんざいてをどり辻（つじ）」（『稿本天理教教祖伝』124ページ）と仰せになっていたり、「さんざい」の手振りが勇みの手であることから、陽気な勇んだ気分を表している語であることは間違いないという話になりました。

『御神楽歌述義』などには、「三歳小児ノ心」「三才の童児の心」といった解釈があります。もっとも、『御神楽歌述義』には「さんさいこゝろをさだめ」と、なぜか濁点が付けられていません。「三才心」は一つの候補ではあるけれども、もしそうならば、なぜ、「さんさいごころ」と言わずに「さんざいこゝろ」と言うのか。「さんざい」という音の当てはまる言葉をいろいろ挙げて考えましたが、結論が出なかった。

私は、「さんざい」と「こゝろ」をくっつけるべきではない、と考えています。教祖は初めて身上たすけのためのさづけの理をお授けになった時、「一に、いきハ仲田（なかた）、二に、煮たもの松尾（まつお）、三に、さんざいてをどり辻、四に、しっくりかんろだいてをどり桝井（ますい）」と仰（おっ）しゃっています。このお言葉からすると、「さんざい」や「しっくり」に特に大きな意味はなく、数え歌の形式上挿入されたもので、続く「てをどり」や「かんろだい」と親和性のある語が添えられたように思われます。この場合の「さんざい」も三才とは考えにくい。

　したがって、「三ニ　さんざい」というのは、何か明るい勇んだ気分を表す言葉ではあるけれども、肝心なのは「こゝろをさだめ」だと思います。それではどんな心を定めるのか分からないという疑問が出てくるところですが、例えば二下り目の「九ッ　こゝろをさだめゐやうなら」、八下り目の「四ッ　よくのこゝろをうちわすれ　とくとこゝろをさだめかけ」の場合も、どういう心を定めよと具体的には仰しゃっていません。それに先立って仰せになっているところを受けての心を定めよ、と解されます。

　一般的には、神意に沿う心を定めよとの仰せだと思われますが、肥のさづけについては、「こへやとてなにがきくとハをもうなよ　心のまことしんぢつがきく（四51）」とありますことから、一歩踏み込んで、肥のさづけにふさわしい「誠真実の心を定めよ」としました。

## 四ッ　よのなか

**そうすれば豊かな実りを請け合おう。**

「よのなか」、豊作です。「よのなか」世の中には、農作物、特に稲の作柄、また豊作という意味があり、豊作を表す〝世の中良い〟の〝良い〟を略した表現と考えられます。ちょうど〝仕合わせ良い〟の良いを略した〝仕合わせ〟に幸福の意味を持たせて「幸せ」と書いたりするようなものです。先程引用しました『おふでさき』にも「せかいよのなかところはんじよ（一　9）」とありました。

## 五ッ　りをふく

**神の働きを勢いよく顕（あらわ）す。**

『稿本天理教教祖伝逸話篇』の六〇「金米糖の御供」に、「五ふくは、理を吹く理」、また、一七三「皆、吉い日やで」には、「五日りをふく」とあることから、ここでは「り」を天理の〝理〟と解しています。「ふく」は、内部から勢いよく出す、湧くように出すという意味です。理は現象の背後にあって、現象たらしめているもので、事に対する概念です。理の場合には、理の働き、神の働きを勢いよく顕すとなります。「理を吹く」の例は『おさしづ』にもあります。

「り」については、『みかぐらうた』の古い写本の多くが〝利〟を当てています。仮に、利と解すると、利益を勢いよく顕す、となります。両者は意味的には通じるものがあります。利という字の〝のぎへん〟は穀物の類を表し、つくりの〝りっとう〟は刀で、穀類を収穫するという意味がある字です。

六ッ　むしやうにでけまわす

**どこもかしこも、作物が並外れてよく実る。**

「むしやうに」、むやみに、やたらに。「でけまわす」、これは手振りもぐるっと回りますように、豊かな実りが広く周辺にまで及ぶ、行き渡るといった意味です。したがって、親神様のお働きが勢いよく顕れて、至るところ作物が豊かに出来る。

**七ッ　なにかにつくりとるなら**

**何やかやと作物を作り、穫り入れるならば、**

「なにかに」何彼に。あれやこれやと栽培し、収穫するならば、

**八ッ　やまとハほうねんや**

**大和中が豊年になる。**

「やまと」とは言いながら、やがては大和地方だけでなくて、世界中が豊年満作になることが含意されていると思われます。それは「八ッ　やまとハ」と、左を向いて山を描き、続いて右の方を向いて「ほうねんや」と唱えることからも推測されます。また「ほうねん」は穀物がよく実り、収穫が多いことですが、稲作に留(とど)まらず、麦などの穀類、その他の作物も豊作になるということでしょう。『みかぐらうた』では、このように個人、例えば肥のさづけを戴いた各自についての話が一般化されて、その理が周囲へ、さらに全体へと及んでいく展開が見てとれます。

### 九ッ　こゝまでついてこい

**こうした効能を見るところまで、しっかりとこの道について来い。**

こうした効能、守護の姿を見るところまで、この信心の道について来い。肥のさづけを頂戴(ちょうだい)した喜び心のままに、誠真実の心を定めて勤めるところ、各自が豊作に恵まれるだけでなく、周辺にも及んで、やがては大和全体の豊年をもたらす、と請け合われて、堅い誠の心を定めての信心をお求めになっています。

## 十下　とりめがさだまりた

**ついには、収穫量が常に過不足ないように定まる守護をする。**

「とりめ」は収穫量ということです。収穫量が一定になるよりも、いくらでも穫れたほうが良いのでは、と思いがちですが、豊作貧乏というような事態もありますし、必要以上に恵まれることは却(かえ)って良くないことが多いものです。過不足のない収穫、常に必要なだけの収穫を得られることが、やはり一番有り難いことです。

一下り目では、肥のさづけを戴く喜びに始まり、その喜びをもって誠真実の心を定めるならば、豊作を恵み、さらには、神の働きを大いに顕し、何彼につけ、また、至るところ、豊年満作を請け合うと、一層の信心を促されます。ついには、常に入り用なだけの収穫を守護すると、人間生活の最も基本的な営みである食に関わる農事に託して、この道の信心の有り難さを歌われます。

# 二下り目

一下り目は、信心の有り難さを農事、豊かな実りに託してお教え下さっているのに対して、二下り目は、身の仕合わせ、また世の治まりといった人、社会についてのご守護を仰しゃっています。

とんとんとんと正月をどりはじめハ
　やれおもしろい

とんとんとんと、正月に踊り初め（初づとめ）をするのは、何とも楽しく愉快なものである。

「とん〳〵とん」というのは、床を踏む足音かと思われます。あるいは太鼓のような鳴物の音でしょうか。いずれにせよ、踊りの拍子でしょう。陽気な踊りの調子です。「正月をどりはじめ」、踊りは音楽に合わせて、手振り・身振りをして舞うことですが、暗におつとめ、初づとめを指しています。敢えて、つとめという語を使わず、一般論として仰せになっています。めでたい正月早々の踊り初め、初づとめは実に面白い、楽しく愉快なものだ。

二ッ　ふしぎなふしんかゝれバ
　　　やれにぎはしや

**不思議なふしんに取り掛かると、何と賑やかなことよ。**

「ふしぎなふしん」、いきなり〝ふしん〟と出てきましたが、三下り目に入ると「ふしぎなつとめばしよ」、とありまして、具体的には、つとめ場所の普請が思い浮かぶところです。また、大きくは陽気ぐらしの世への立て替えである世界のふしんに続くものです。

また、三下り目、八下り目では、この不思議なふしんは、普請の常識に反し、頼まなくても人々が寄り集まってきて出来上がると、その意味でも不思議だと、繰り返し仰しゃっています。その不思議なふしんに取り掛かると、「やれにぎはしや」、何とも賑やかなことになってくる。多くの人が寄り集まり、出入りして賑やかなことになってくる。不思議なたすけに浴したご恩報じにと人々が集まってくる。ふしんに勤める中で、また不思議なたすけが顕れる。そのことによって、さらに人が寄ってきて賑わうという循環です。『おさしづ』には、「たすけふしぎふしん、真実の心を受け取るためのふしぎふしん」（明治23・6・15）と仰せになっています。

いずれにせよ、不思議の所以は、親神様のお働きを頂いてのふしんだからであります。

## 三ッ　みにつく

**何事も良いように身に付く。**

『おふでさき』に、「しやハせをよきよふにとてじうぶんに　みについてくるこれをたのしめ（二　42）」とありまして、親神は皆が仕合わせ良きようにと計らいをしているからして、それが身に付いてくることを楽しみに思え、と仰しゃっています。二下り目は、まずつとめについて、次いで不思議なふしんについて述べておられます。この不思議なふしんは、三下り目以降では、頼まれなくとも、皆が自(おの)ずと寄り集まって、いわば〝ひのきしん〟によって出来てくる、と重ねて仰しゃいます。したがって、陽気なおつとめと不思議なふしんに参画する〝ひのきしん〟が身に付いて、即(すなわ)ち万事仕合わせ良いように、身の周りの一切が恵まれるようになる。

## 四ッ　よなほり

### 世の中は、あるべき姿へと改まる。

銘々には良き仕合わせが身に付くご守護。世の中全体では「よなほり」と仰しゃる。辞書には〝世直し〟という言葉はあっても、〝世直り〟はありません。〝世直し〟となると、外から力を加えて世の中を正常な状態にするというニュアンスになります。極端な場合には革命といったことにもなる。〝直る〟は自動詞で、間違った状態が改まることです。したがって、世直りは世の中があるべき姿に改まる。それも力ずくでするのではなく、自ずと改まる、というのですから、そのための理作りが必要になってくるわけです。何もしないで漫然と〝直る〟のを待っているのではありません。そのあるべき姿とは、言うまでもなく陽気ぐらしです。

五ッ　いづれもつきくるならば

**世の人々が皆、親神の教えについて来るならば、**

誰もが、この教えについて来るならば、即ち、名ばかりの信心ではなく、心から親神様を信じ、教えに則る生き方をするならば、

六ッ　むほんのねえをきらふ

**むほんを引き起こす元を断とう。**

ここは「五ッ」「六ッ」と続いています。「むほん」謀反は、国家や主君に背くことで、反乱、内乱を意味します。お道の教えによれば、人間は皆親神様の子供であり、お互いは兄弟姉妹であって、いささかも高低はありません。『おふでさき』の

十三号では、そうした真実が世界中の人々の心にしっかりと治まったならば、「むほんのねへわきれてしまうに（49）」と仰せになっています。即ち、人々が皆この教えを心から信じるようになれば、謀反の起きる余地はありません。さらに言えば、世界中の誰もが本教に帰依（きえ）すれば、国家間や民族間の戦争も無くなるはずです。手振りは槍（やり）か刀か、そうした武器を構えている格好です。「ねえをきらふ」根を切ろう。根は事の起こる元を意味します。謀反の元を断てば、国々は平和に治まります。

## 七ッ　なんじふをすくひあぐれバ

### 身上、事情に苦しんでいる者を救い上げると、

「なんじふ」難渋は、一般に困ることで、身上も含まれるでしょうが、主には生活に苦しむことを指します。「すくひあぐれバ」、救うは、力を添えて難儀、危険や苦しみから逃れさせることです。手振りも下から掬（すく）い上げる格好をします。救い上げ

るようになると、

## 八ッ　やまひのねをきらふ

**病気を引き起こす元を断とう。**

ここも「七ッ」「八ッ」と続いています。「やまひのもとハこゝろから（十下り目十ド）」とありますように、疾病の原因は心遣いにあります。その心遣いについて、『おふでさき』では、「このもとをくハしくしりた事ならバ　やまいのをこる事わないのに（三　93）」と、元を知らないが故に病気になると仰しゃいます。その元は、単に病気の原因というだけでなく、さらに遡って人間創造の根本の由来、即ち、元初まりの真実を指すと思われます。

親神様が陽気ぐらしを見て共に楽しみたいとこの世人間をお創めになり、長の年限弛みない親心を以てお育て下された真実が、しっかりと心に治まったならば、病気にならないのに、と不憫に思召されています。続いて「なにゝてもやまいとゆうてさらになし　心ちがいのみちがあるから（三　95）」とあって、病の元であるほこりの心遣いが列挙されています。元を知らないが故に、知らず識らずに陽気ぐらしに反する自己中心的なほこりの心遣いを積み重ねて、その結果、病気になるということです。ここでは、心違いをしなければ病気にはならないと仰しゃる一方で、病気を引き起こす元となる心遣いを断つには、難渋している者を救い上げるという、より高度な実践を仰せになっています。

「七ッ」「八ッ」の繋がりは、銘々については「人たすけたらわがみたすかる（三　47）」に通ずるものでしょうし、第十歌「ところのをさまりや」を考慮すると、一個人が難渋している人を救うだけでなく、人々の誰もが、困っている人、苦しんでいる人を救うようになる、という意味だと思われます。それは取りも直さず、たすけ合いが行き渡っている姿です。

　因みに、四下り目の七ッ、八ッでも、「なにかよろづのたすけあい　むねのうちよりしあんせよ」「やまひのすつきりねはぬける　こゝろハだん〱いさみくる」と、何かにつけて、たすけ合うことと病の根絶の関連が歌われています。また、『おふでさき』には、「このさきハせかいぢうゝハ一れつに　よろづたがいにたすけするなら（十二　93）」とありまして、人々がたすけ合う世の中こそ、親神様のお望みであることが窺（うかが）えます。

付け加えますと、病の根を切るという点では、「このつとめせかいぢうのたすけみち　をしでもものをゆハす事なり（四　91）」「このみちがたしかみゑたる事ならば　やまいのねゑわきれてしまうで（四　94）」と、つとめによるたすけ道が確立されたならば、病を引き起こす元が自ずと断たれるとも仰せになっています。

## 九ッ　こゝろをさだめゐやうなら

**教えにつき従う心、人をたすける心を定めて変わらないならば、**

先に少し触れましたが、九ッでは、どういう心を定めるかは特に仰しゃっていません。しかし、これまで仰せになっていることからすると、すぐ前のお歌では、難渋を救い上げる心、もう一つ遡れば「いづれもつきくる」、誰もが教えについて来る心を定めることをお求めになっていると思われます。即ち、どこまでも教えにつき従う堅い信仰心と、困っている人をたすけようという心です。言い換えれば、神一条、たすけ一条の心とも申せましょう。そうした思召に沿う心を定めて、「ゐやうなら」、定めただけでなくて、それが変わらない、続くことが大切です。神意に沿う心を定めて変わらないならば、

## 十デ　ところのをさまりや

**土地所、国々が治まり、ひいては世界が陽気ぐらしに治まる。**

「ところ」は、どこ、そこといった狭い範囲ではないと思われます。手振りもぐるっと回ります。回る手振りは、基本的には広がりを表しています。土地所、国々、

ひいては世界が治まる。陽気ぐらしの世の状となる。

二下り目では、勇んだおつとめ、また、不思議なふしんに寄り来る人々のひのきしんが身に付いて、銘々の良き仕合わせとなり、さらには、世直りとなる。また、誰もがこの教えにつき従い、苦しんでいる人を救い上げるようになれば、反乱や病気も根絶される。そうした心をしっかりと定めて変わらないならば、それが国々所々、ひいては世界の治まりとなる、と頼もしい未来を約束下さっています。

一下り目、二下り目では、豊作の恵み、また身の仕合わせ、世の治まりを主題に、信心の有り難さが歌われています。一、二下りは、他の下りと比べると、お歌の形が変則的です。短くはありますが、それだけに端的に、この道の信心の有り難さ、喜びが表明されている導入部と申せましょう。

# 三下り目

三下り目に入りますと「つとめ」という言葉が登場します。〝つとめによるたすけ〟が前面に出てきます。一下り目、二下り目が、いわば導入、この三下り目辺りから、教えの角目（かどめ）、信心の心得といった要諦（ようてい）を段々にお仕込み下さいます。

一ッ　ひのもとしよやしきの
　　つとめのばしよハよのもとや

月日の膝元（ひざもと）たる庄屋敷（しょやしき）にあるつとめをする場所は、人間世界創（はじ）め出しの元の地点であり、あらゆる守護の源、世の立て替えの始まる所である。

「ひのもと」の解釈は思案を要するところです。単純に受け取れば、日本国の別称となるでしょうが、『おふでさき』中の「にほん」が、地理的な意味での日本国を意味するのではなく、二号四十七番のお歌の註に「創造期に親神様がこの世人間をお創めになったぢばのある所、従ってこの度先ずこの教をお説き下さるところ、世界たすけの親里のあるところ」とありますように、元の理に基づいて解釈すべきところです。この註を踏まえて〝月日の膝元〟としました。

月日の膝元である庄屋敷村、そこにある「つとめのばしよ」、建物としての所謂つとめ場所ではなく、ぢばを中心に、つとめが勤められるべき場所です。これは世の元である。この世、人間を創め出された地点であるだけでなく、その人間創造における親神様のお働きを手振りに表して勤めるかぐらづとめによって、よろづたすけ、陽気ぐらしへの世の立て替えをご守護下さるのですから、単に元初まりを意味する元ではなく、現在、将来にわたっての一切のご守護の源であり、陽気ぐらしへの世の立て替えの始まる所、起点です。

二ッ　ふしぎなつとめばしよハ
　　たれにたのみはかけねども

**不思議なつとめ場所のふしんは、誰にも頼まなくても、**

二下り目には、「ふしぎなふしん」とありましたが、その具体的なものとなると、やはりまず、つとめ場所の普請です。ここでは、「ふしぎな」が「つとめばしよ」に掛かっていることから、ぢばを囲んでのかぐらづとめによって、不思議なたすけが顕(あらわ)れるということが含意されています。その建築に際しては、誰にも頼んだりはしないけれども。ここでわざわざ〝頼み〟に言及されている背景には、普請という語の元々の意味、即(すなわ)ち「禅宗の寺院で、普(あまね)く大衆に請(こ)うて、堂塔の建築などの労役に従事してもらうこと」(広辞苑)があると思われます。その請うという点に関して、「たれにたのみはかけねども」と仰(おっ)しゃって、お道の「ふしん」は、誰にも頼んだりはしない、請うたりはしないと、従来の寺院の建築との相違を明示されています。

三ッ　みなせかいがよりあうて
　　　でけたちきたるがこれふしぎ

**世界の人々が皆寄り集まってきて、自ずと建ち上がるに到るのは、実に不思議である。**

不思議なつとめ場所のふしんは、誰に頼むというようなことをせずとも、世界の人々が皆「よりあうて」、自発的に寄り集まってきて、「でけたちきたる」、自ずと出来上がる。これが実に不思議だ。二ッのところで、「ふしん」の元々の意味、普く（あまねく）請う（こう）に触れましたが、お道の「ふしん」は、誰にも頼んだりせずとも、親神様のご守護への感謝、信心の喜びが集まって、自ずと建ち上がってくる、言い換えれば、ひのきしんによって出来上がるのが、つとめ場所のふしんだということです。同様のことは、これに続くお屋敷のふしん、また教会のふしんにも言えると思います。これも「ふしぎなふしん」の所以です。

四ッ　よう〳〵こゝまでついてきた
　　　じつのたすけハこれからや

よくぞ、ここまでこの道について来た。真実のたすけは、これからだ。

「じつのたすけハこれからや」との仰せには、それまで人々は、おたすけ頂いて有り難い、生き神様だと、十分には分からないながらも、ひたすら教祖にお縋りして信心してきた様子が窺えます。流れからしますと、実のたすけ、本当のたすけというのは、究極のたすけである「めづらしたすけ」に向かう、元を教えてのたすけであり、その根本の手立ては〝つとめ〟であります。

五ッ　いつもわらはれそしられて
　　　めづらしたすけをするほどに

## いつも心ない人々に笑われ、誹られして、めづらしたすけをするのである。

いつも心ない人々に嘲笑されたり、悪しざまに言われたりという道中を通って、「めづらしたすけ」をするのだ。六下り目には「いつもかぐらやてをどりや　すゑではめづらしたすけする」というお歌がありまして、笑われ誹られするのは、この道を信心する者だけでなく、おつとめそのものでもあると思われます。

いずれにせよ、世間一般の常識では理解できない、不可解だということです。これから始まる実のたすけ、つとめによるたすけの道が、世人の嘲りを招いたとしても、怯むことはないとの励ましでもありましょう。逆に、世間の目や評判を気にして道の遅れとならぬよう、あるいは通りよいように道を曲げないように、との戒めも感じ取れます。

「めづらしたすけ」について『おふでさき』では、「ほこりさいすきやかはろた事ならば　あとハめづらしたすけするぞや（三　98）」「しんぢつの心しだいのこのたすけ　やますしなずによハりなきよふ（三　99）」、また「たすけでもあしきなをす

るまでやない　めづらしたすけをもているから（十七　52）」「このたすけどふゆう事にをもうかな　やますしなすによハりなきよに（十七　53）」と仰しゃっています。即ち「めづらしたすけ」とは、心のほこりをすっきりと払い、真実の心になるところに恵まれる、病まず・死なず（若死にしない）・弱らず（年を取っても弱らない）という、いわば究極のたすけです。また、身上・事情が治るとか治まるとかといった、悪いことが元通りになる類いのたすけではないとも仰しゃっています。その点で「ふしぎなたすけ」とは、はっきり区別されます。「ふしぎなたすけ」は、医者が匙を投げたような重篤な身上が、奇跡的に救かったことを言いますが、客観的に見れば、悪しきが治った、体が元に戻っただけだからです。

六ッ　むりなねがひはしてくれな
　　　ひとすぢごゝろになりてこい

**無理な願いはしてくれるな。親神の思いに沿い切る一すじ心になってこい。**

これは神様から人間への呼び掛けです。「むりなねがひ」無理な願い。理の無い、即ち天理に外れた、親神様の思召に沿わない自分勝手な願いです。そのような願いはしないでもらいたい。「ひとすぢごゝろ」一すじ心、ひたすら親神様の思召に沿い切る心です。ひたすら神意に沿い切る神一条の心になってついて来い、と呼び掛けられたことに答えるような形で、

**七ッ　なんでもこれからひとすぢに**
**かみにもたれてゆきまする**

**何が何でもこれからは、ただ一すじに親神様にもたれ、思召に沿い切って進ませて頂きます。**

何が何でも、これからはひたすら親神様の思召に沿い切って、親神様に身も心も

委ねて通らせて頂きます、とのお誓いです。一すじ心、神にもたれる心の反対は、いわば人間思案をあれこれとめぐらせ、自分の知恵、力に頼っている姿、我を張っている姿です。先に「わらはれそしられて」とありましたが、そうした時、もたれ切っていないと心が動揺する。世間の思惑が気になり、迷いが生じがちなものです。

八ッ　やむほどつらいことハない
　　わしもこれからひのきしん

**病気になることほど苦しく辛いことはない。私もこれからひのきしんに励みます。**

病気になって苦しむことほど辛いことはありません。それだけに病気をおたすけ頂いた喜び、感激、感謝には計り知れないものがあります。さらには、病んで初めて日々達者に暮らせることの有り難さをしみじみ感じることができる。おたすけ頂いたことへの感謝、さらには日々頂戴しているご守護へのお礼の気持ちを込めて、勇んでご恩報じのひのきしんに勤めさせて頂こう。「わしもこれからひのきしん」、私もこれから「ひのきしん」に励ませて頂こう。二ッ、三ッで仰せられる、つとめ場所の普請に参集するひのきしん者の列に自分も加わるとの意思表示です。

「ひのきしん」という言葉は、お道独特のものです。『みかぐらうた』では、ここで初めて登場します。『おふでさき』には出てまいりません。寄進は、社寺などに金銭、物品を寄付することです。「ひの」には、日々のという解釈と、もう一つは、日の、一日の働きをお供えするという解釈があります。私自身は、身の働きを以てするというニュアンスがある後者、日の寄進、時間の寄進を支持しますが、日々の寄進も間違いではないと思います。いずれにせよ、金銭や物品でなく、身の働きを以てする寄進、お供えです。

九ッ　こゝまでしんぐ／＼したけれど
　　もとのかみとハしらなんだ

**ここまでこの教えを信仰してきたけれども、この神様が元の神様である、とは知らなかった。**

四ッに、「よう／＼こゝまでついてきた」とありましたが、ここでは人間の側が、本当のところがよく分からないままに信心してきた、と告白した格好です。元の神とは、元初まりにこの世、人間をお創め下された神様という意味で、親神様の神格の表現として最も基本的なものです。たすけ一条の道の根本である〝つとめ〟とは、元のぢばを囲んで、親神様の人間創造のお働きを手振りに表して勤めるかぐらづとめによって、よろづたすけ、陽気ぐらしの世への立て替えを祈願するものです。即ち、元初まりの話はつとめの理話であり、つとめの教示を通して、この神様が元の神様であることを明かされたと申せましょう。

十ド　このたびあらはれた
　　じつのかみにはさうゐない

**ついにこの度明らかになった。この神様は真実の神様、実の守護をなし下さる神様に相違ない。**

「あらはれた」の手振りは、〝両人差し指で、腹前に平らに円を描く手〟です。これは出現したという意味ではなく、明らかになった、分かったという意味です。同じことは十下り目の「十ド　このたびあらはれた　やまひのもとハこ、ろから」にも言えます。また、十下り目八ッの「もとをしりたるものハない」の「しりたる」も同類です。出現という意味の場合は、よろづよの第三歌、「かみがおもてへあらはれて」のように、両掌（てのひら）を右、左と斜め前に放り上げる格好をします。

「じつのかみ」実の神とは、単に真実の神というのではなく、火、水、風をはじめ、人間身の内の温（ぬく）み、水気（すいき）、息一すじといった、実の守護をなし下さる神様という意味です。
所謂、立教のご宣言に、「我は元の神・実の神である。この屋敷にいんねんあり。このたび、世界一れつをたすけるために天降(あまくだ)つた。みきを神のやしろに貰(もら)い受けたい」とあります。『天理教教典』も『稿本天理教教祖伝』も、この同じお言葉で始まりますが、この元の神・実の神という言葉の出典は、この「三下り目」の九ッ、十ドだということです。文献によると、親神様の表現にも種々あって、「元の神」の他にも「天の将軍」などがあります。そうした伝えられているものの中から選ぶよりも、教祖が直々お教え下さった「元の神、実の神」を採用なさったと聞いています。

「三下り目」では、つとめは人間、世界創め出しの元のぢばで勤められること、また、つとめ場所は自発的な報恩のひのきしんによって出来上がると仰せられ、このつとめによってこそ実のたすけ、やがては「めづらしたすけ」がもたらされると明かされます。さらに、人々に対しては、神にもたれる一すじ心をお求めになり、ひたすら親神にもたれて信心に励み、日々健康に感謝してひのきしんに勤める中に、この神様こそ元の神、実の神であるとの確信に到ると、教えの角目、信心の心得についてお仕込み下さっています。

# 四下り目

四下り目では、信心の道を進む中で遭遇する周囲の無理解、反対から生じる様々な迷い、あるいは悩みの治め方の基本を示して励まされ、また、陽気づとめによるたすけを重ねて仰せられます。さらに、万事につけてのたすけ合いの意義に言及されます。

一ッ　ひとがなにごといはうとも
　　かみがみているきをしずめ

人がどんなひどいことを言っても、親神は全て見抜き見通しであるから、気持ちを平静にせよ。

世間の人がどんなこと、悪口雑言、あるいは誹謗中傷を浴びせてきても、「かみがみている」、親神が何もかもしっかりと見ているから、「きをしずめ」、心を乱すことなく気持ちを落ち着けて通れよ、とお諭しになっています。これは裏を返せば、人がどんなに良く言ってくれても、褒めたり、お上手を言ったりしても、親神様の目からご覧になって疑問符がつくような通り方をしていたのでは、「きをしずめ」とはいかないということにもなるでしょう。何か落ち着かない、不安な気分につきまとわれることになりそうです。そのように、お歌の裏を思案することも味わい方の一つです。

## 二ッ　ふたりのこゝろをさめいよ
## なにかのことをもあらはれる

**夫婦の心を一つに治めて通れよ。そうすれば何か喜ばしいことも現れてくる。**

「ふたり」というのは、第一義的には夫婦だと思います。夫婦でなくても、志を同じくするパートナーと拡大解釈することもできないことはありませんが、「ちよとはなし」のお歌にも窺えますように、やはり夫婦が基本です。「をさめいよ」、治めるは、乱れた気持ちを落ち着けることです。居るは、動かないでいる、留まることです。即ち、落ち着いた気持ちを持ち続けるようにとの仰せです。そうすれば「なにかのことをもあらはれる」、どんなことも現れてくる。「なにかのこと」には、良いことも悪いことも、両方含まれていると思われますが、基本は親神様に二人の心をお受け取り頂いてのことでしょう。即ち、神を目標に、夫婦の心を治めて通っているならば、たとえ今は苦しくとも辛くとも、やがて必ず喜ばしい頼もしい姿、形が現れてくるとのお励ましです。逆に、悪口や中傷に心をかき乱されて夫婦の心もバラバラになるようなことでは、その心通りに芳(かんば)しくない事柄が現れてくるとも悟れます。

三ッ　みなみてゐよそばなもの
　　　かみのすることなすことを

**皆、側(そば)にいる者はよく見ていよ。親神のすることの一つひとつを。**

「なにかのことをもあらはれる」と仰(おっ)しゃっていることを受けてのお歌です。目に見える形で現れてくる親神の働きの一つひとつをよく見よ。そうすれば、なるほど親神様は見抜き見通しだ、銘々の心通りにご守護下さる、真実を受け取って喜ばしい姿をお見せ下さると得心できるはずだ、との仰せです。

特に「そばなもの」と仰しゃって、近くにいる者に呼び掛けておられます。お屋敷内をはじめ、道の信仰者、さらには周辺の人、村人達もその中に入るでしょう。

**四ッ　よるひるどんちゃんつとめする
　　　そばもやかましうたてかろ**

**夜も昼も、太鼓や鉦といった鳴物を入れてつとめをする。側の者もさぞかし喧しく、鬱陶しく思うことであろう。**

本教では、昼間ばかりでなく夜にもおつとめをします。例えば、おぢばでは、をびやづとめやはえでのつとめは、夕づとめ後に勤められています。「どんちゃん」、太鼓や鉦の音を表す擬音語でしょう。そうした鳴物を入れてのおつとめは、聞きようによっては喧しい、あるいは「うたて」鬱陶しいと思う者もあるでしょう。それが、世の人達の嘲りになったり、反対になったりすることもある。この「そば」は、後に「むらかた」と出てまいりますから、一般的には、近辺の者と思われます。

五ッ　いつもたすけがせくからに
　　　はやくやうきになりてこい

いつも親神はたすけを急いでいるから、早くつとめを勤めて陽気な心になってこい。

親神様は常に世界一れつをたすけたいとお急ぎになっています。「やうき」陽気、辞書には「万物が動き、または生じようとする気」、さらに「心がはればれしいこと。ほがらかなこと」（広辞苑）などとあります。そうした明るく勇んだ、力強い気配と申しますか、雰囲気、気分です。ここでは単に、そのような気分を仰しゃっているだけでなく、おつとめによる陽気を仰しゃっているところです。

前歌の「よるひるどんちゃんつとめする」からも窺えることですが、つとめの勤修（ごんしゅう）による陽気、陽気なおつとめをお促しになっています。これこそが、たすけ一条の道の根本です。

六ッ　むらかたはやくにたすけたい
　　なれどこゝろがわからいで

村人はなおさら早くたすけてやりたい。けれども、このたすけ一条の親神の心が分からずにいる。

「むらかた」、地元の村人、お屋敷近辺の人々です。そういう人達であれば、親神様はなおさら早くたすけてやりたいとお思いです。しかしながら「こゝろがわからいで」、親神様の思い、思召(おぼしめし)が理解できない。したがって、たすけてやりたくてもたすけてやれないことになる。とかく最初のうちは、近隣の者ほど嫌悪感、反感を抱くものです。

この辺り、信心する者が、たすけ一条の道を歩む上で出合う周囲の無理解や軋轢(あつれき)の中で、心を倒したり、惑わされたりすることなく、神を目標に進んでもらいたいとのをやの思いが伝わってきます。

特におつとめについて、たすけを急ぐをやの思いを汲み取って、勇んで勤めてもらいたいと仰せになっています。思召の分からない村人との対比で言えば、道の子には、たすけを願うなら、より一層をやの思いを分かってもらいたい、しっかりと心に治めて通ってもらいたいということになりましょう。

### 七ッ　なにかよろづのたすけあい
### むねのうちよりしあんせよ

**人間達が、何かにつけ万事たすけ合うことが親神の望みである。このことを心の底からよく思案するように。**

「なにかよろづ」何であれ万事、どんなことも全て。何につけても万事たすけ合うということを、「むねのうちより」心底から、よくよく思案するように。『おふでさき』には、「このさきハせかいぢうハ一れつに　よろづたがいにたすけするなら

（十二　93）」「月日にもその心をばうけとりて　どんなたすけもするとをもゑよ（十二　94）」と仰せになりまして、親神様の子供である人間達が、万事につけてたすけ合う世の中を切にお望みになっています。

**八ッ　やまひのすつきりねはぬける**
**こゝろハだん〳〵いさみくる**

**そうなれば、病の根はすっきりと抜け、心はだんだんと勇んでくる。**

病の根がすっかり抜ける、病気が根絶される。言い換えれば、病の元となるような心遣いが全く姿を消し、心はだんだんと勇み立ってくる。七ッ、八ッの続き具合は二下り目の「七ッ　なんじふをすくひあぐれバ」「八ッ　やまひのねをきらふ」、という繋（つな）がりに通じます。共に、人をたすける心と行いが、病の根絶に続くことを仰しゃっています。

根を切ると、根は抜けるの違いは、〝難渋を救う〟と〝万（よろず）のたすけ合い〟との差でしょうか。根を切るの場合は、親神様が切って下さるのに対し、根は抜けるは、自（おの）ずと抜ける、病気の原因が消滅するニュアンスです。その意味では、根が切れ、病は姿を消しても、油断をすると、また芽が出てくる、病気が顔を出す懸念があるということでしょうか。難渋があろうと無かろうと何かにつけたすけ合う姿は、陽気ぐらしの世のありようと言っていいでしょう。

## 九ッ　こゝはこのよのごくらくや<br>わしもはやくまゐりたい

**ここはいわば、この世の極楽だ。その根源であるぢばへ、私も早くお参りしたい。**

「こゝ」は、おぢば、親里です。ここは陽気づくめの極楽屋敷だ。普通、極楽というのは、あの世にあるとされていますが、お道は、この世に陽気ぐらしの世界を築き上げるという信仰です。その一つの現れが、ここ親里に具現されるこの世の極楽とも言うべき姿です。「わしもはや〳〵まゐりたい」、私も、その元であると申しますか、そのいわば極楽屋敷の中心であるぢばに、早くお参りしたいものだ。

## 十ド　このたびむねのうち
## すみきりましたがありがたい

**ついにこの度は、濁りのない澄み切った心になりました。こんな有り難いことはない。**

ここはこの世の極楽だと、ぢばにお参りする人の心は、晴れやかに澄み切り、感謝と喜びに溢(あふ)れています。

十下り目には、「こゝろすみきれごくらくや」というお歌があります。この下りでは「ごくらく」という言葉が先に出てきていますが、いずれも、心が澄み切ることと極楽の境地とは、密接に関連していることを示しています。

「陽気ぐらし」という言葉は、『みかぐらうた』や『おふでさき』には出てきません。陽気ぐらしに類する表現としては、『みかぐらうた』では、「ごくらく」、「やうきづくめ」、『おふでさき』には、「よふきゆさん」、「よふきづくめ」があります。「せかいぢうみな一れつハすみきりて　よふきづくめにくらす事なら（七 109）」と仰せになっていますが、これは親神様がお望みになる世のありようの一つの表現と申せましょう。ここでも〝澄み切る〟が、その要件になっています。

四下り目では、信心の道を進む中での周囲からの様々な中傷、無理解に心倒すことなく、親神様を目標に、夫婦の心を治めて、そのお働きを信じて、つとめを勤めるよう促されます。それにつけても、万事にたすけ合う姿こそが親神の望みであることをよく思案するよう求められ、そうなれば、病の根は抜け、心は勇み、人々も親里をこの世の極楽と慕い寄るようになり、ついには心澄み切った喜びと感謝の境地に到（いた）ると仰せられます。

# 五下り目

五下り目は、九ッに「もとのぢば」とありますが、いわば〝元のぢば故のたすけ〟と申しますか、本教のおたすけの特質を端的にお述べになっている下りです。

一ッ　ひろいせかいのうちなれバ
　　たすけるところがまゝあらう

**広い世界の中には、人だすけをする所が、あちこちにあることだろう。**

広い世界の中のことですから、「たすけるところ」、この「たすける」は、身上・

事情の苦しみや悩みを救うという一般的な意味で、修理・肥の教えを説く社寺や教会といった宗教施設、さらには、病院なども含まれるかと思います。「ま、あらう」、あちこちにあるだろう。

二ッ　ふしぎなたすけハこのところ
　　　おびやはうそのゆるしだす

**しかし、不思議なたすけをするのは、ここ元のぢばである。ここからをびや許し、ほうその許しを出す。**

それなりの人だすけをしている所は、世の中にいろいろあるだろうが、不思議なたすけをするのはここ、元の屋敷以外にない。諸々（もろもろ）の宗教、また医療機関といったものも、それぞれに人を救うことを謳（うた）ってはいますが、親神様のお働きを頂いての不思議なたすけをするのは、ここ、おぢばしかありません。そして、そのおぢば、親里から「おびやはうそのゆるし」、安産のための〝をびや許し〟、ほうそう（疱瘡）即ち天然痘に罹らないようにという〝ほうその許し〟をお出し下さいます。天然痘は、今日では絶滅したとされていますが、かつては恐ろしい伝染病の代表的なものの一つでした。

三ッ　みづとかみとはおなじこと
　　こゝろのよごれをあらひきる

**水と神とは同じ理合いであって、水が物の汚れを洗い落とすように、親神は人の心の汚れをすっきり洗い清める。**

不思議なたすけをするのは、ここ、ぢば以外にない、と仰しゃって、その特質をお述べになっています。即ち、心の汚れを洗い切って不思議なたすけを顕す、ということです。お道のおたすけというのは、心の汚れを洗ってするたすけである。これは広い世界のあちこちにあるたすけ所と大いに違うところです。それに先立って「みづとかみとはおなじこと」、これは水が神様だ、ということではありません。水が物の汚れを洗い落とすように、神は人の心を洗い清める、という意味です。

## 四ッ　よくのないものなけれども<br>かみのまへにハよくはない

**人間誰しも欲のない者は無いが、親神の前にあっては欲は消え去る。**

「よく」という言葉が『みかぐらうた』に登場するのは、これが最初です。「よく」という時には、掻き寄せる手振りをします。〝八つのほこり〟の中で『みかぐらうた』に登場するのは「よく」だけです。考えてみれば〝八つのほこり〟は、どれも自分中心の心遣いです。そういう意味では〝八つのほこり〟の代表として、「よく」が入っていると考えてよいと思います。自分の方に掻き寄せる手振りは、自己中心的な心遣いを表しています。欲のない者は無いと承知して下さっている。誰にでも欲はある。

しかし、「かみのまへにハよくはない」、神前では、神の前にある時、欲は消え去る。そして、神の前における在り方の最高の姿が、おつとめです。親神様と向き合って勤めるおつとめ、これは神の前にある在り方の最高のもの、と言えます。

**五ッ　いつまでしんぐくしたとても**
**やうきづくめであるほどに**

**したがって、いつまで信心しても陽気づくめに通ることができる。**

前歌の「かみのまへにハよくはない」は、神に向き合う信心に励む時、欲は消え去る、ということです。「やうきづくめ」陽気づくめは、何もかも陽気、いつも陽気と、何があっても陽気に明るい勇んだ心で通れることです。

「いつまでしんぐ〵したとても」の「とても」という逆接の接続詞が、ちょっと引っかかるところです。〝信心していれば、いつまでも陽気づくめ〟というのなら単純で分かりやすいのですが、敢えて「とても」と仰しゃっているところに味があるように思います。誰でも喜ばしいことばかりなら、陽気なのは当たり前です。大抵なら陰気になり落ち込むような時にも、陽気でいられてこその陽気づくめです。信心していても、長い間には世間的な意味での喜ばしいことばかりでなく、苦しいことや悲しいこともいろいろあるのが普通でしょう。しかし、前歌に「よくはない」と仰しゃっているわけですから、欲の心、自分中心の心というものが無ければ、そうしたふしに出合っても、心を倒してしまうことなく、これで結構、有り難いと、たんのうして乗り越えていくことができる。そういった意味の陽気ですから、単に晴れ晴れしいとか、うきうきした気分といったものではありません。「こゝろすみきれごくらくや」の境地でしょう。つまり、欲がないから陽気づくめで通れるということです。

そういう意味では、信心をしながら、腹を立てたり、あるいは愚痴を言ったり、憂鬱（ゆううつ）な気分でいるというのは、まだまだ欲があると申しますか、自分中心の心があるからだ、とも言えるわけです。「心さいすきやかすんた事ならば　どんな事てもたのしみばかり（十四　50）」というお歌もあります。時々、腹立たしい時などに思い出して、まだまだ心が澄んでないんだなあと反省しています。「どんな事てもたのしみばかり」、まさに「陽気づくめ」であります。

六ッ　むごいこゝろをうちわすれ
　　　やさしきこゝろになりてこい

**酷（むご）い心をきっぱりと忘れて、やさしい心になってこい。**

心の汚れを洗い、不思議なたすけに浴する。神の前には欲は消え失せ、陽気づくめの境地に到（いた）ると仰しゃっていますが、ここで一つの展開があります。

「よく」さらには「むごいこゝろ」といった、いわばマイナスの心遣いをしないという話題から、プラスの心、ここでは「やさしきこゝろ」を使うようにとの仰せです。親神様のお求めになっているのは、欲がないだけでなく、その先の「やさしきこゝろ」、人を思いやる心になることです。これは人をたすける心に繋(つな)がる心です。その意味では、〝たすかる〟から〝たすける〟への展開と言えましょうか。反対に、「むごいこゝろ」というのは、人に対して酷な、人を苦しめるような心です。手振りも押さえつける格好をします。「やさしき」は、手振りも大きく円を描きますが、丸い、包み込むような心と申せましょう。

**七ッ　なんでもなんぎハさゝぬぞへ**
**たすけいちじよのこのところ**

**親神は決して難儀はさせない。ここは、たすけ一条の元のぢばである。**

そうすれば、「なんでも」、どうしても、どうあろうとも。決して難儀はさせない、と請け合われます。これは六ッのお歌だけでなく、三ッと四ッをも受けていると思われます。即ち、神に向き合う信心によって欲が消え、さらには、酷い心と決別し、やさしい心になって、この道について来るならば、決して苦しんだり、困ったりはさせない。それというのも、ここはたすけ一条の元のぢばであるから。「たすけいちじよ」たすけ一条、一条は「ひたすら、専(もっぱ)ら」という意味です。ひたすらたすけてやりたいをやの思いです。その思いから、親なる神が、ここ元のぢばで世界たすけの教えを啓(ひら)かれました。

八ッ　やまとばかりやないほどに
　　　くに〳〵までへもたすけゆく

大和(やまと)ばかりではない。広く世界中どこどこまでもたすけて廻(まわ)る。

この「たすけ」の対象は、「やまと」、おぢばを含む大和界隈(かいわい)だけではない。「くにく」、広く世界の国々にまでもたすけに赴くのだ、と仰しゃっています。これは世界たすけのご宣言です。実にスケールの大きなおたすけです。それというのも、

**九ッ　こゝはこのよのもとのぢば**
**めづらしところがあらはれた**

**ここはこの世、人間を創造した元のぢばである。今までにない珍しい所が現れた。**

「このよのもとのぢば」、国々までもたすけに出向くというのも、陽気ぐらしをさせたいと、この世、人間をお創め下された元のぢばから創始するたすけ一条の道だから、ということです。親神様は全人類の親でありますから、世界中の人間を一人残らずたすけ上げたい、あらゆる苦しみをたすけたいとの親心一すじであります。したがって、それは必然的によろづたすけであり、世界たすけであります。「めづ

らしところ」、今まで聞いたこともない結構な所が出現した、明らかになった。

どうでもしんぐするならバ
かうをむすぼやないかいな

どうでもこうでもの精神で信心するのならば、講を結ぼうではないか。

「どうでも」、堅い決心です。何でもどうでもという堅い決心で、この道を信心しようというのであれば、「かうをむすぼ」、〝講〟です。昔から信仰者の集まりを講と申しました。「富士講」「伊勢講」などがありました。手振りは両手で丸く円を描く。まさにサークルです。同好の人々の集まりをサークルと言ったりします。本教は世界一れつをたすける教えですから、その信仰は一人信心に留めず、周囲の人々に伝え広めるべきものであります。我が身さえ良ければ、あるいは我が家さえ結構であれば、というのではなく、世界のたすかりを願い、信心する者達が手を取り合って、その親の思い、世界一れつをたすけて陽気ぐらしの世界を建設、実現することを目指すべきものです。その土地所の陽気ぐらしの手本であり、世界たすけの拠点でもある講を結ぼうではないか、と呼び掛けておられます。

五下り目では、元のぢば故のたすけをお歌いになっています。

世間に数多（あまた）ある修理肥の教えとは違って、ここ元のぢばに発し、不思議なたすけを顕す教えの特質は、心の汚れを洗い切ることにあるとして、心の汚れの因（もと）である欲を去れば陽気づくめの境地に到ると教示されます。

さらに、優しい心になってついて来るならば、決して難儀はさせないと請け合われます。また、世界中どこどこまでもたすけ上げると宣（の）べ、それも一れつの陽気ぐらしを楽しみに、この世、人間を創め出した元のぢば故と、その所以（ゆえん）を明かされ、そのためにも、この道を信心するからには講を結ぶよう促されます。

# 六下り目

六下り目では、元のぢば故の不思議なたすけは、心を見定めてするたすけであるとし、この道のたすけの根本はつとめだと明示されます。さらに、信心するについても「こゝろえちがひはならん」と戒めると共に、信心の楽しみ、功能にも触れられます。

一ッ　ひとのこゝろといふものハ
　うたがひぶかいものなるぞ

**人間の心というものは、まことに疑い深いものである。**

人間というものは、実に疑い深い、なかなか容易に信じようとしないものだ、と慨嘆されています。

## 二ッ　ふしぎなたすけをするからに　いかなることもみさだめる

**不思議なたすけを顕すからには、どんなことも全て見定める。**

「ふしぎなたすけ」、奇跡的なたすけを顕すについては、どんなことも見定めて、即ち、心遣いや行動をはじめ、さらにはいんねん、状況といったことも含まれるでしょう、全て見定めた上で顕す、と原則を明らかにされています。したがって、どんなに疑い深い人も、なるほどと感嘆、納得せざるを得ません。

三ッ　みなせかいのむねのうち
かゞみのごとくにうつるなり

**世界中の人間の胸の内は、鏡に映るがごとくに、全て親神の方に映るのである。**

全てを見定めて不思議なたすけをするというのも、世界中の人間の心遣いは、親神様の方に、鏡に映るように、そのまま手に取るように映し出されるからである。

四ッ　ようこそつとめについてきた
これがたすけのもとだてや

**よくぞつとめの道について来た。このつとめこそが、たすけの根本である。**

二ッ、三ッと不思議なたすけを顕すについては、どんなことも、特に銘々の胸の内を見定めてすると仰せになっていました。ここでは、つとめがたすけの根本だ、と核心を明かされます。「もとだて」、根本。本教のたすけ一条の道の根本の手立てはつとめです。

三下り目に「よう〱こゝまでついてきた　じつのたすけハこれからや」と、有り難い神様だと、よく分からないままに教えについて来た人達を、つとめによる実のたすけへと誘（いざな）われる様子が歌われていました。ここでは、一段進んで、つとめについて来た人々に、つとめこそたすけの根本であり、やがては究極のめづらしたすけをもたらすものだと明かされています。

五ッ　いつもかぐらやてをどりや
　　　すゑではめづらしたすけする

いつも、かぐらやてをどりを勤めることが、やがてはめづらしたすけをもたらす。

「いつも」、常時。毎日とも、月次祭や大祭のように定められた日に、勤めるべき時に、常に怠りなく、とも解せるところです。つとめをさらに「かぐらやてをどり」と仰しゃっています。それが「するゑでは」、末では、将来、ゆくすえ。「めづらしたすけ」をもたらすことになる。先に三下り目の五ッのところでも申しました、病まず死なず弱らず、百十五歳定命というたすけです。これはただ長生きをするとか、病気をしないとかいうだけではなく、世のありようが改まると申しますか、人々の心のほこりがすっきりと払われた暁にお見せ下さる、いわば究極のたすけであります。

仮に、一人だけ百十五歳まで達者に生きても、自分の連れ合いはとっくに死んでしまった、子供にも先立たれた、友達もいないというのでは寂しい限りです。却って、じゃま者にされるかもしれない。やはり、自分だけでなく誰も彼も百十五歳まで達者において頂けるというのでなければ、到底仕合わせとは言えません。そのためには、単に形の上での長生きや健康とかではなく、世のありようが変わる必要があります。不思議なたすけとの対比で言えば、不思議なたすけは個々人についてのものであり、「めづらしたすけ」は世のたすかりだと申せましょう。
その点では、昨今、長生きということが様々に取り沙汰されていますが、形の話ばかりで中身がおろそかになっている、という気がします。

## 六ッ　むしやうやたらにねがひでる　うけとるすぢもせんすぢや

**何でもかでもと願い出る。親神の受け取る願いの筋も、実に様々である。**

「むしやうやたら」、何でもかんでも、あれもこれもと願い出る。「うけとるすぢもせんすぢや」、親神の受け取る願いの筋も「せんすぢ」、千筋だ。神の許に届く願いの筋も実に様々だと、やや呆れ気味なご様子です。むやみやたらに願っても叶うものではありません。親神様の思いに沿う理づくり、心定めを以て願い出ることが肝心です。三下り目には「むりなねがひはしてくれな　ひとすぢごゝろになりてこい」とありました。

### 七ッ　なんぼしん〴〵したとても<br>こゝろえちがひはならんぞへ

**どれほど信心しても、神意にそぐわないようなことではならない。**

どれほど長く、あるいは熱心に信心していても、「こゝろえちがひ」、親神様の思召に外れた考えや行いをしていたのでは駄目だよ、とご注意下さっています。思召に適わない信心では、長いだけ、熱心なだけに、却って始末が悪いかもしれません。信心のし甲斐がない、功能、ご利益がない。むしろお手入れを頂かねばならないでしょう。

八ッ　やつぱりしんぐ＼せにやならん
こゝろえちがひはでなほしや

**やはり信心はしなければならない。心得違いを改めて一から出直すことだ。**

心得違いの信心はならんぞ、とご注意下さったわけですが、それじゃ信心しない方がいいのかというと、そうではありません。よく反省し、心得違いを改めて、「でなほしや」出直し、これは所謂（いわゆる）、身上をお返しすることではなく、一から信心し直す。初心に帰って、信心をやり直すということです。心得違いのまま、いくら信心の年限を重ねても何にもなりません。心得違いを改めるには、教えを学び直し、心澄まして親神様の思召を求める求道が欠かせません。

九ッ　こゝまでしんぐ〵してからハ
　　ひとつのかうをもみにやならぬ

　ここまで信心してきたからには、ひとつの功能も見せてやらねばならない。

　この辺り、信心という言葉が七ッ、八ッ、九ッと続いています。「こゝまで」というわけですから、長年の信心でしょう。こうして長らく信心に励んできたからには、「ひとつのかう」、これは、「功」、あるいは「効」という字が当たると思われます。今日までの信心の一つの結果、功能、しるしです。「みにやならぬ」、人間の側からは、見たいものだ、神様の方から言えば、見せてやらねばならん、となります。

十ド　このたびみえました
　　あふぎのうかゞひこれふしぎ

**この度鮮やかに信心の功能の理が見えた。扇の伺いは、実に不思議なものである。**

ついに、その「かう」、信心の功能、しるしが顕れた。「あふぎのうかゞひ」、これは今日ではありませんが、おさづけの一種、扇のさづけです。手振りのように、真っ直ぐ立てた扇の動きを以て神意を計る、というおさづけです。長年の信心に対する、いわば一つのしるしとしてお渡し下さったおさづけ、扇のさづけに見る不思議な神様のお働きです。そうした信心の楽しみにもお触れ下さっています。

『みかぐらうた』は慶応三年にお教え下さいました。身上たすけのためのおさづけは明治七年に初めてお渡しになっていますから、『みかぐらうた』の中には出てきません。当時お渡しになっていた肥のさづけや扇のさづけといった言葉が出ています。これらのおさづけと今日頂戴しているてをどりのさづけとの一番の相違は、前者は自分のために用いるものであるのに対し、後者は自分には取り次げない、人だすけのために使うものだという点です。後者は世界たすけを掲げる教えに、より相応(ふさわ)しいさづけと申せましょう。
付け加えますと、今日の我々の立場からすれば、肥のさづけについての「こへやとてなにがきくとハをもうなよ　心のまことしんぢつがきく（四51）」と、神前に供えた糠(ぬか)や土や灰そのものが効くのではなく、その者の誠真実を親神が受け取って守護するとの仰せは、農業者ならずとも、どんな職業の人であっても、その誠真実の心次第に各自の生業(なりわい)の上に頂戴できるご守護だと言えると思います。また、長年の信心のしるしとしてお見せ下さる扇の伺いの不思議についても、今日でも誠真実の心を定めてお伺いすれば、神意の程をご教示下さると思います。

六下り目では、まず、不思議なたすけを顕すについては、銘々の心遣いをはじめ全てを見定めてすると原則を示されます。それにつけても、つとめこそがこの道のたすけの根本の手立てであり、やがては「めづらしたすけ」をもたらすと教示されます。また、信心する者の心得について、むやみに願い出る心得違いを強く戒め、一から出直すよう諭される一方、長らくの信心の功能として扇のさづけを渡すと、楽しみの道を示されます。

ここまでが所謂、前半です。「よろづよ八首」は、後から一下り目の前にお付けになったものですが、立教に当たっての親神様の世界たすけの思召、また、この道のたすけの神髄を、元を教えて勇ませてたすけるとお述べになっています。

一下り目、二下り目は、信心の喜び、信仰の有り難さを、特に、豊作、身の仕合わせ、世の治まりに寄せてお歌いになっています。

三下り目からは、教えの角目(かどめ)を、つとめ、たすけといったことを軸に教えると共に、銘々の信心の心得を述べて、人々の成人をお促し下さっています。

後半では、世界のふしんの段取りを、「ひのきしん」を軸に進めるという実践的な内容になっています。そして、その根本は親神様のお働き、ぢばの理を戴(いただ)くことだ、という原則とともに、その世界のふしんを進めるについての心得である、欲を忘れることを繰り返し仰しゃいます。

# 七下り目

七下り目のテーマは、「ひのきしん」です。それは神の田地への真実の種蒔き、即ち、ぢばへの伏せ込みです。

**一ッ　ひとことはなしハひのきしん**
**にほひばかりをかけておく**

**一言「ひのきしん」の話をする。ほんの匂わせる程度のことであるが。**

冒頭で触れた「勉強会」は、三年に亘り、月に二度も集まって、議論を重ねたわけですから、今まで有力だった見解を改める箇所もありました。その一つが、ここです。即ち、〝一言話をするが、それはひのきしんについてである〟という解釈です。それが七下り目全体の流れの上からして良いと意見の一致を見ました。従来は、「一言話をするのもひのきしんである」という解釈が主流でした。その場合、話をし、にをいがけをするのは人です。今回の解釈では、一言ひのきしんについて話をする主語は親神様で、「にをいがけ」ではなく、それについて、匂わせる、示唆的な話をする、ということです。

ただし、従来の、「ひとことはなし」、一言神様の話を取り次ぐのもひのきしんである。だから、にをいがけはひのきしんだ、という命題自体は間違いではありません。

付け加えますと、「ひとことはなし」は、第二節の「ちよとはなし」のような前置きの言葉と解するのが自然だということです。因(ちな)みに、『おさしづ』の「一言話」は全て神が主語です。また、「にほひ」についても、『おふでさき』では、「それゆへにゆめでなりともにをいがけ……（十四　7）」「……にをいはかりや（十五　79）」

のように、そのものズバリでなく、それとなく知らせる、気配で知らせるといった意味の使い方がされています。

二ッ　ふかいこゝろがあるなれバ
　　たれもとめるでないほどに

**そこには親神の深い思惑があるので、誰も止め立てしないように。**

前歌の〝ひのきしんについて、一言話をする〟に続けて、それについては、親神の方には深い思惑があってすることだから、誰も止め立てするのではない、との仰せです。これからひのきしんの話をするぞ、ということです。その点で申しますと、一ッの従来流布していた「一言神様のお話を取り次ぐのもひのきしんである……」という解釈だと、二ッの「ふかいこゝろ」は人の心になりますし、その場合には、三ッ以下とうまく繋(つな)がりません。一ッ、二ッが孤立した感じになってしまいます。

三ッ　みなせかいのこゝろにハ
でんぢのいらぬものハない

**世界中、皆誰しも田地を必要としない者はない。**

「でんぢ」田地、田として利用する土地です。ひのきしんについての話を田地に託してなさるのですが、暫く(しばら)は一般の田地についての話をされます。日本人の場合、主食である米を生産する土地である田地を必要としない人はありません。農業者であればなおさらです。米以外を主食とする地域については、田地を食糧生産の場と読み替えれば、同様に、それが要(い)らないという人はいません。

四ッ　よきぢがあらバ一れつに
　　たれもほしいであらうがな

**良い田地があるならば、誰でも皆、同様に欲しいであろう。**

「よきぢ」良き地、即ち、より多くの収穫をもたらす肥沃（ひよく）な田地であれば、誰だってみんな手に入れたいと思うだろう、と問いかけておられます。

五ッ　いづれのかたもおなしこと
　　わしもあのぢをもとめたい

**それはどこの誰でも同じである。私もあの田地を求めたい。**

「わし」という時は人間が唱えている形です。この辺りは、一般の田地について、誰もが頷かざるを得ない話が続いています。誰しも同じことだ。私もあの地、ですからそれは良き地でしょう、良い田地を手に入れたいと思っている。

六ッ　むりにどうせといはんでな
　　そこはめいくのむねしだい

**親神は無理にどうせよとは言わない。そこは銘々の胸次第、心次第である。**

その良き地、良い田地を欲しいと思うならば、どうこうせよといった無理強いはしない。そこはおまえ達銘々の心、考えに委ねられている。この辺りは、五ッで人間が「わしもあのぢをもとめたい」と言っているのに対して、六ッで神様がちょっと謎めいたことを仰しゃっています。信仰的な話への転換の伏線です。

七ッ　なんでもでんぢがほしいから
　　あたへハなにほどいるとても

なんとしてでも良い田地が欲しいから、価はどんなに要っても求めたい。

銘々の胸次第という言葉を受けて、人間の方が、どうでもその田地が欲しいので、「あたへ」は価、値（あたい）です、値段がどんなに高くても、どれほど金がかかろうとも手に入れたい。どうでも欲しい、という決意の程を申し述べています。その堅い気持ちを確かめられて、

八ッ　やしきハかみのでんぢやで
　　まいたるたねハみなはへる

この屋敷は親神の田地であって、蒔いた種は皆生える田地である。

ここが七下り目の急所、要です。誰だって田地は必要だ。それも良い田地が欲しいだろうとの神様の問いかけに対して、人間の方は、そうです、私も欲しい、どれほど代価を払っても欲しい、と申し述べたところで、実は、「やしきハかみのでんぢやで」と、この元の屋敷は神の田地であることを明かされます。

神の田地は、いわば究極の田地です。その神の田地、ぢば、元の屋敷に「まいたるたねハみなはへる」、蒔いた種は全て生える。これは非常に強い言明です。普通、種を蒔いても、みんな生えるというわけにはいきません。芽が出ない、腐ってしまうのも多少あるのが当たり前です。また、「みなはへる」は、良い種ばかりでなく、知らず識らずに蒔いた悪い種も必ず生えてくる、ということでもあります。

種という時の手振りは、必ず胸に手を取ります。右、左と取る場合もあるし、両手一緒に取る場合もありますが、胸に取る。即ち、心遣いです。元の屋敷は、人々の真実を受け取って、それぞれに相応しいご守護をもれなく、はっきりと顕される場所です。ずっと一般の田地に託して仰しゃってきて、この八ッで、その真意、真

実をお明かしになっています。これを受けて、

**九ッ　こゝハこのよのでんぢなら**
**わしもしつかりたねをまこ**

**ここは、この世の田地であるなら、私もしっかり種を蒔こう。**

「このよのでんぢ」、この世の一切がそこから生じてくる田地、即ち、あらゆるご守護の源です。ここ、ぢば、元の屋敷が、神の田地であり、この世のあらゆるご守護の源だというのならば、私もしっかりこのおぢばに種、真実の種を蒔かせて頂こう。「やしきハかみのでんぢ」との開示を受け入れ、得心して、世間的な意味での良い田地を手に入れることから、神の田地に良き種を蒔こうと態度を切り換えます。

六ッの銘々の「むねしだい」は、どうでも手に入れたいという堅い意思を確かめる意味合いと共に、心次第に良い実り、結果を得ることができるとの意味が込めら

れています。

十ド　このたびいちれつに
ようこそたねをまきにきた
たねをまいたるそのかたハ
こえをおかずにつくりとり

**この度は皆揃って、よくぞ真実の種を元の屋敷に蒔きに来た。種を蒔いた者は、肥料を置かずとも収穫することができる。**

この度は皆打ち揃って、よくぞこの元の屋敷、神の田地に真実の種を蒔きにやって来た。この神の田地に種を蒔いた者は、肥料を置かなくても、収穫、実りを得ることができる。より一般的には、農業者ならずとも、神の田地であるぢばに真実の種を蒔いた者は、肥料に譬えられる人為的な補助手段、策を講じなくても、十分な結果を得られるとの仰せです。

　七下り目では、一言ひのきしんの話をすると前置きされて、人間生活に欠かせない田地に託して、誰もが欲しがる良き田地も心次第に授かると語りかけられます。それを受けて、何としてでも手に入れたいと申し出る決心の程を見定めて、この元の屋敷こそ神の田地、即ち蒔いた種が皆生える最高の田地であると、本真実を明かされます。

　ぢばがこの世の一切の守護の元であるならばと、真実の種蒔き、即ち、ひのきしんに帰り来る人々に、肥料、いわば人為的な策を施さなくても十分な天の与えを恵むことを約束されます。

　世界のふしんが後半の主題だと申しましたが、その後半の初めに、ぢばに伏せ込むひのきしんを仰しゃいます。世界のふしんは、ひのきしんによって進められるということです。

# 八下り目

不思議なふしんは、人々の自発的なひのきしん、そして何よりも親神様のお働きを頂いて出来るふしんです。その不思議なふしんに取り掛かるに際しては、欲を忘れ、心を澄ますことの大切さを重ね重ね仰しゃいます。

一ッ　ひろいせかいやくになかに
　　いしもたちきもないかいな

広い世界や国々の中に、ふしんの用材になる石や立ち木がないものか。

石、立ち木と仰しゃって、不思議なふしんをするための用材、人材を世界中に、数ある国々の中にお求めになっています。「ないかいな」と、手振りも探るような手つきです。広い世界と仰しゃっているところに、このふしんは単なる形の建築でないことが窺(うかが)えます。

二ッ　ふしぎなふしんをするなれど
　　　たれにたのみハかけんでな

**不思議なふしんをするのであるが、誰にも頼みをかけることはしない。**

これは三下り目の「ふしぎなつとめばしよハ　たれにたのみはかけねども」と同趣旨のお歌です。この不思議なふしんは、形の上ではおぢばの神殿普請やそれに準ずる普請を、究極的には、世界のふしん、陽気ぐらし世界の建設ということになりましょう。「ふしぎな」、人間の理解や判断を超えたという意味です。即(すなわ)ち、親神様のお働きを頂戴してのふしんです。

ふしんを通して数々の不思議をお見せ下さるという意味でも、また普請という語の元々の意味、普く請うからすれば、誰にも頼まなくても出来るという意味でも不思議です。

**三ッ　みなだんだんとせかいから**
**よりきたことならでけてくる**

**皆だんだんと世界から用材、人材が寄り集まってきたならば、自ずと不思議なふしん、世界のふしんは出来上がってくる。**

三下り目では、「みなせかいがよりあうて　でけたちきたるがこれふしぎ」、とありますが、ここでも、頼んだりせずとも、人々が皆、だんだんと世界中から寄り集まってきて、自ずと出来上がってくるふしんだと仰しゃいます。即ち、ひのきしんによって出来るふしんです。何故人々が自ら進んで寄ってきて、ふしんに加わるのか？　身上をおたすけ頂いたご恩報じにと、あるいはたすけを求めて、また、日々頂戴するご守護に感謝して、さらには、世界一れつをたすけて、陽気ぐらしの世へと立て替えたいというをやの思いを解し、その思いを叶えたいと集まってくる。

## 四ッ　よくのこゝろをうちわすれ　とくとこゝろをさだめかけ

**欲の心をきっぱりと忘れて、しっかりと誠真実の心を定めかけよ。**

一ッ、二ッ、三ッと、不思議なふしんの進め方について仰しゃって、四ッで、そのふしんに取り組む者の心得、心構えに言及されます。それには、欲の心を一切念頭から放して、「とくと」は、しっかりと、の意味です。しっかりと心を定めるようにせよ。ここでも、「こゝろをさだめかけ」とだけあって、どんな心を定めよ、とは特に仰しゃっていません。しかし、全体の流れから言えば、やはり親神様の思召(おぼしめし)に適(かな)う心、誠真実の心を定めることでしょう。十一下り目の四ッ、「よくをわすれてひのきしん　これがだい〻ちこえとなる」からしますと、ひのきしんの精神に徹することも、その一つでしょう。

欲を道連れに、利害、損得に捉(とら)われているようでは不思議なふしんに与(あずか)ることはできません。この心定めは、いわば不思議なふしんの基礎工事ですから、泥にも譬(たと)えられる欲の混じった精神では、その上にしっかりした建物を建てることはできません。

**五ッ　いつまでみあわせゐたるとも**
**うちからするのやないほどに**

**いつまでもふしんを見合わせることになっても、内らからするのではない。**

「うちからするのやない」は、内の者が自分達からするのではない、という意味です。内の者とは、基本的には、屋敷内の者を指します。「ほどに」は、念を押すニュアンスです。

問題は、「いつまでみあわせゐたるとも」で、これは、後の六ッ、七ッ辺りとの関わりで考えますと、〃いつまでもふしんに取り掛かるのを見合わせていることになっても〃と解釈するのが良いと思われます。

先に、「せかいからよりきたことならでけてくる」と仰せになっていますが、なかなか用材が集まらない、人が寄らなくて取り掛かれないとなると、それを待つことをせずに、こっちでやってしまおう、自分達でやろう、となりがちなものです。それを、次歌、六ッでは、「やたらにせきこむな」、やたらに焦るなと戒めておられます。

## 六ッ　むしやうやたらにせきこむな
## むねのうちよりしあんせよ

**むやみやたらに急いではならない。心の底からよく思案せよ。**

いつまでも見合わせていることになっても、内の者から取り掛かってはならない、との仰せに続いて、やたらに急ぐな、焦るなと仰しゃる。不思議なふしんは、あくまで親神様のご守護あってこそのものですから、まずは、「むねのうちよりしあんせよ」、よく心の底から神意、思召の程を思案するように。

親神様は、形の上でふしんに掛かる、掛からないという点については、とやかく仰しゃっていません。その前に何よりも、しっかりと心を定めるように、そのためには、よくよく思案をするように、と仰しゃっています。そうすると、『おふでさき』に「だん〳〵と心しづめてしやんする　すんだる水とかハりくるぞや（二 26）」とありますように、思案することによって、心が澄んでくるのであります。

自分達の考えからするのでなくて、親神様のお働きを頂いてこそ出来るふしんでありますから、なおさらそれに先立つ心のふしんが大切です。そのためにはまず思召を尋ねる思案をし、思召に沿う心を定めることが肝心です。

七ッ　なにかこゝろがすんだなら
　　　はやくふしんにとりかゝれ

**なにほどか心が澄んだならば、すみやかにふしんに着手せよ。**

「なにか」、なにがしか、なにほどか。思案をして、なにがしか心が澄んできたならば。澄み切ったならば、ではないのが面白いところです。澄み切ったら取り掛かれ、と言っていると、いつまで経(た)っても掛かれないことになりかねない。ある程度心が澄んだら取り掛かる。ふしんに取り組む内に、一層心が澄んでくる。そうした形と心の相互媒介的と申しますか、二つ一つの関わりが、お道の信仰の特徴であります。

六ッで、まずは心の底から思案をして、心を澄ますように、と仰しゃる。親神様の思召を思案する、思召に沿う勤め方を思案する中で心が澄んでくる。〝なにがしか〟というのは曖昧な表現ですが、ある程度心が澄むと、何らかの悟りがついて踏ん切りがつくということでしょう。一方〝澄み切った〟は、「十ド　このたびいちれつに　すみきりましたがむねのうち」とあります。

**八ッ　やまのなかへといりこんで**
**いしもたちきもみておいた**

**未だ道の付いていない、いわば山の中へと入り込んで、ふしんの用材となるべき石も立ち木も見ておいた。**

これは、親神様のお働きあってこそその不思議なふしんであることが、よく分かるお歌です。親神様は予め、「やま」は、未だ道の付いていない所、教えのほとんど伝わっていない所です、そうした所へも入り込んで、「いしもたちきも」、石や木に譬えられる不思議なふしんのための用材、人材を、「みておいた」すでに探索、検分しておいた、と仰しゃいます。

**九ッ　このききらうかあのいしと**
**おもへどかみのむねしだい**

**この木を切って不思議なふしんの用材にしようか、あの石を用石にしようかと思うが、全て神意によってすることである。**

いわば親神様の先立っての、先回りをしてのお働きを仰しゃっています。人間の思案や力をはるかに超えた思召、お働きです。この木を切って用材としようか、あの石を用石としたものかと検討、吟味なさる。いずれにせよ、全て親神様の胸次第、思惑次第です。「おもへど」と逆接になっていることから、人間が思うのではという意見もありますが、ここは親神様が予め検分されたところの立ち木や石を、ふしんの進捗状況や用途をにらんで、どれを引き出したものかと検討なさる意味です。その上で神が全て決するのだから間違いないとの請け合いです。

神が全て段取りをしているから、案じるな、安心して取り掛かれ、とのお励ましでもあります。

**十ド　このたびいちれつに**
**すみきりましたがむねのうち**

**ついにこの度、人々の心が皆一様に澄み切ってきた。**

先に「なにかこゝろがすんだなら」という表現がありましたが、ふしんに取り掛かる心の準備をする過程で、また親神様のお働きを頂いて、ふしんに取り組む中で、人々の心が一様に澄み切ってきた。そうした頼もしい、喜ばしい姿をお歌いになっています。

八下り目では、不思議なふしんに取り掛かるに際しての心構えをお仕込み下さいます。

不思議なふしんは、世界中から報恩のひのきしんに馳せ参じる人々が集まって、自ずと出来てくるものだと、まず原則を示されます。また、欲の心を忘れ、しっかりと誠真実の心を定めることが肝要であると、その心構えを諭されると共に、たとえ着工が遅れても、むやみに急がず、心の底から思案をするよう諭されます。そして、何ほどか心が澄んだなら、速やかにふしんに着手するようにと、前提となる心のふしんを強く求められます。

一方、ふしんの用材、人材は、予め神が見いだし、段取りをしていると安堵させられると共に、ついには人々の心が澄み切るに到ると請け合われます。

# 九下り目

七下り目でひのきしんについて述べられ、八下り目では、ひのきしんによって進められる不思議なふしんに着手する心構えについて教示されます。九下り目では、〝人材の引き出し〟がテーマです。八下り目で言及された石や立ち木に譬(たと)えられる人材の引き出し方の要諦(ようてい)を示されます。

一ッ　ひろいせかいをうちまわり
　　一せん二せんでたすけゆく

**広い世界をうちまわり、人の心を一洗二洗と洗い清めてたすけてゆく。**

これは、「勉強会」でも結論が出なかったお歌の一つです。問題は「一せん二せん」の解釈です。これは『略注』を見ますと「一洗、二洗で人々の心を洗い浄め」と、〝洗う〟という字を当てています。これに対する強力な対抗意見は、一銭二銭です。これは決着がつきませんでした。例えば「一銭二銭の寄進で、あるいは理立てをさせて」という解釈もありました。「一せん二せん」がお金だという解釈は割合出てきやすい。

私自身は、洗うだと考えているのですが、それはまず、〝銭〟というお金の単位は、明治四年の新貨条例で定められたもので、1ドルの百分の一が1セント、というのを参考に、一円の百分の一を一銭としたものです。慶応三年には、銭は正規の貨幣単位ではありませんが、銭が〝文〟に相当する単位として使われていたという話もあり、実際、近世初期には一銭剃り、一銭茶屋というものがあったようです。

しかし、『教祖伝』関係の文献では、例えば、秀司様の明治初期の出納覚書では、銀が主ですが、銭貨ではもっぱら文が使われていて、貨幣単位としての銭は出ていません。もし「一せん二せん」がお金の意味だとすると、〝一文二文でたすけゆく〟と仰（おっ）しゃるはずだと思います。

一文の価値は江戸時代初期からすると幕末には相当下落しています。慶応年間では、当時の物価で換算して、物によってかなり幅がありますが、大体現在の一円から十円ぐらいのようです。その場合、果たして神様が、一円、二円でたすけゆく、あるいは十円、二十円でたすけゆく、と仰しゃるものかどうか。私は非常に唐突で奇異な感じを受けます。

それと、もう一つの理由は「一洗」という言葉は、こじつけではなく、明治時代には結構使われていたようで、「残らず洗い流すこと。転じて、悪い所をすっかり改めること」（日本国語大辞典）という意味があります。それが、『御神楽歌述義』で、「心ヲ洗滌（せんじょう）シテ救済ノ恩寵（おんちょう）ヲ被（こうむ）ラシムルヲ言フナリ」という解釈を採っておられる理由だと思います。さらに言えば、五下り目の初めで、「世界にはたすける所があちこちにあるが、不思議なたすけをするのは、ここ、ぢばであって、それは心の汚れを洗い切ってするたすけである」と仰せになり、欲に言及されている内容とも整合します。また、九下りの流れから言っても、ここでは欲を問題にしておられる上から、洗うの方が一貫性があります。「一洗二洗」という場合には、〃繰り返し人の心を洗い清めてたすけゆく〃となります。勉強会では、教祖はお金のことは仰しゃってない、お金の話が出てくるのは教会制度が出来てからだという意見も出たりして、洗うの方が、やや優勢かと感じました。しかし、それは顔ぶれによって変わり得るものです。

いろいろ議論のあるところですが、「一銭二銭の寄進で、あるいは理立てでたすけゆく」という解釈もある、としておきます。

二ッ　ふじゆうなきやうにしてやらう
　　　かみのこゝろにもたれつけ

難儀不自由のないようにしてやろう。我(が)を捨てて親神の心にもたれつくようにせよ。

流れから申しますと、一ッで、「一せん二せん」をお金とすると、そうした、いわば寄進があるから不自由せずに布教ができる、という解釈も出てくるところです。これに対して「洗う」という解釈ですと、「たすけゆく」を受けて、不自由、難儀のないようにしてやろう。ついては、「かみのこゝろにもたれつけ」、もたれるということは、自分の〝我〟、即ち、自己中心的な態度を捨てることです。「つけ」は、全く身を委ねることです。我を捨てて、親神の親心に全てを委ねてついて来い。これは裏を返せば、不自由の原因が〝我〟だということでもあります。

三ッ　みればせかいのこゝろにハ
　　　よくがまじりてあるほどに

**見渡すと、世界の人々の心には、欲が混じっている。**

これは、欲が混じって心が濁っていることが、不自由の元だ、ということにもなります。先に、欲の手振りは、掻き寄せる手振りだ、自分中心の心遣いだと申しましたが、その点からしますと、欲の心、自分中心の心遣いが、難儀、不自由をもたらしている。それは二ッで触れました〝我〟とも通じます。神の心にもたれつくとは、そうした心を捨てることでもあります。

私は主として〝洗う〟という解釈で話を致しますが、二ッ、三ッと、泥にも譬えられる欲に濁った心を洗うことで、不自由をたすけると、一ッからの流れで申しましても、一貫性があるように思います。

**四ッ　よくがあるならやめてくれ**
**かみのうけとりでけんから**

**欲を道連れの信心ならば、やめてくれ。親神は、そのような信心を受け取ることはできないから。**

世界の人々の心には欲が混じっている。それが不自由の元にもなっていると仰しゃって、欲を道連れにした信心ならやめてもらいたい、そうした欲の混じった信心を、神は受け取ることができないから、と諭されます。この道は欲望を達成するための信仰ではなく、世界たすけの道であり、真実の心をお受け取り頂いて、自由（じゅうよう）のご守護を頂く信仰であります。

欲そのものをやめてくれとの解釈もありますが、欲のない者は無いと仰せになり、もっぱら欲を忘れると表現されていることからすると、まず〝欲をやめる〟という言い方ができるのかという問題があります。また、この下りの主題である信心の道への引き出しからすると、やめるように仰しゃっているのは、やはり欲を道連れの信心だと解するのが良いと思います。

五ッ　いづれのかたもおなじこと
　　　しあんさだめてついてこい

**どこの誰であれ同じことである。よく思案し、心を定めて信心の道について来い。**

九下り目のテーマは〝人材の引き出し〟だと申しました。親神様が世界を駆け巡って、おたすけの上に働いて下さるのですが、この道について来るに当たっては、よくよく思案をし、心を定めてついて来るようにと仰しゃる。やみくもについて来なさいと仰しゃっているわけではありません。さらに念を押して、

六ッ　むりにでやうといふでない
　　　こゝろさだめのつくまでハ

**無理に信心の道に出よとは言わない。心定めのつくまでは。**

「でやう」は、信心の道に出よ、ということです。無理矢理この教えを信仰せよ、などとは言わない。信仰は強制されてするものでもなければ、いい加減な気持ちでするものでもありません。しっかりと心定めをして、この道の信心に進み出るようにとの仰せです。

## 七ッ　なかく／＼このたびいちれつに　しつかりしあんをせにやならん

**この度は、誰も彼も皆、相当しっかりと思案をしなければならない。**

「なかく／＼」は、随分、相当といった意味です。この信心の道に出るに際しては、誰であれ皆、相当しっかり思案をしなければならない。この辺り、ようぼくの引き出しに関して、即ち、人々が信仰の道に進み出るに際して、非常に念入りなお言葉を下さっています。五ッの思案を定めてついて来いから、心定めをつけて出るように、しっかり思案をしなくてはならないと、重ね重ね仰しゃっています。

## 八ッ　やまのなかでもあちこちと　てんりわうのつとめする

**山の中でも、あちこちらで、「天理王命」の神名を唱えてつとめをする。**

「やま」というのは、人里離れた辺鄙（へんぴ）な所、道らしい道が付いていない所の譬えです。そうした所でも、あちこちで「てんりわうのつとめ」、〝天理王命〟と神名を唱えてのつとめという意味でしょう。最初のおつとめは、「なむ天理王命」と繰り返し神名を唱えるだけのものでした。慶応二年に「あしきはらひたすけたまへ　てんりわうのみこと」のお歌と手振りをお教え下さいました。いずれにせよ、そうしたほとんど道の付いていないような所でも、あちこちで天理王命の神名を唱えてつとめをする。慶応年間、すでに山間僻地（へきち）にも道が付きかけていたでしょうし、今日でも海外などには、そうした信者もあるでしょう。

**九ッ　こゝでつとめをしてゐれど**
**むねのわかりたものハない**

**ここでつとめをしているけれども、真から親神の思いの分かった者はいない。**

「こゝ」に二通りの解釈があります。一つは、これは〝おぢば・お屋敷〟だという解釈です。いま一つは、そのおつとめをしている所、八ッのお歌を受けて「やまのなか」という解釈です。その所でおつとめをしているけれども、「むねのわかりたものハない」。「よろづよ」の第一歌の「むねのわかりたものはない」に準じて、親神の思いの分かった者はいないと解します。

『略注』では「真から胸の分かった者はいない」と、やや漠然とした表現になっていまして、「よろづよ」第一歌の場合の〝心が澄み切って、親の思いの分かった者はいない〟という解釈とはやや異なります。「よろづよ」の第一歌では、立教以前の状況からも〝神の思いの分かった者はいない〟のは当然ですが、ここではすでにつとめをしている人達ですから、親神様の思召をある程度は知っています。双方の手振りがやや異なるのは、その相違から来るのでしょうか。なお考究の余地があります。

とてもかみなをよびだせば
　はやくこもとへたづねでよ

同じく神名を呼び出すのであれば、速やかにこの元なる屋敷を訪ねて帰ってこい。

「とても」は、「とてもかくても」の略だと思われますが、どうせ、同じ、ともかく、といった意味です。「かみなをよびだせば」は、右左と、差し招く手振りをします。これは第一節で、「てんりわうのみこと」と唱えながら、右左と手招きをする手と同様の手です。したがって「かみなをよびだせば」というのは、神名を唱えておつとめをするという意味です。ですから、同じく神名を呼び出してつとめをし、たすけを願うのであれば、早く「こもと」、この本元、元なる屋敷へ訪ね出るように、となります。

九ッの「こゝ」が、お屋敷か、山の中か、という話題に戻りますと、八、九、十の流れでいけば、山の中のあちこち、が自然だと思われます。

もし、「こゝ」がおぢばであれば、おぢばは「こもと」ですから、わざわざ「こもと」でおつとめをしていても胸の分かった者はないと言った上で、「こもとへたづねでよ」と仰しゃるとは考えにくい。

したがって、山の中が順当な解釈で、その他に、おぢばという意見もあるということです。流れで言えば、山の中に留(とど)まっている限り、おつとめをしていても十分とは言えない。やはり、おぢば、親の元へ訪ね出ることが欠かせないということです。「たづねでよ」と呼び掛けておられるのは、山の中の人というより、広い世界の人々と考えられます。

九下り目は、〝人材の引き出し〟がテーマです。

親神様は広い世界を駆け巡り、人々の心を繰り返し洗ってたすけて廻るとお宣べになります。実際には、親神様だけが駆け廻っておたすけをなさる訳ではなく、そのをやの思いを体したようぼくに入り込んでお働き下さるということです。その意味では、布教がテーマだとも言えます。

たすけるについては、難儀不自由の因である我を捨て、神にもたれよと諭されます。また、この道の信心に進み出るには、欲を道連れの信仰を戒め、しっかりと思案をし、心を定めるよう重ね重ね求められます。さらに、神名を唱えてたすけを願うからには、本元であるぢばへ出向くようにと、ようぼくとなる人材の引き出しの次第を示されます。

# 十下り目

十下り目では、九下り目で仰せの人材の引き出しの実際、特に身上のおたすけに関して、心遣いが身上に現れること、病の元が心、特に欲にあることを教えて、心を澄ますことによって不思議なたすけに浴し、ひいては「こゝろすみきれごくらくや」と、極楽の境地に到(いた)ると述べて、おたすけ話の核心、種を明かされます。

一ッ　ひとのこゝろといふものハ
　　ちよとにわからんものなるぞ

人の心というものは、簡単には分からないものである。

ここにも「わかる」という言葉がありまして、これがやはり問題になります。「ちよとにわからんもの」の解釈として、「勉強会」でも〝なかなか分かりにくいものである〟〝親神の思召(おぼしめし)がなかなか分かりにくい〟などの意見が出ましたが、以下のお歌を考慮に入れると、人の心というものは自他共になかなか分からない、と解するのが良いと思われます。身上に表してもらって初めて分かるということがある。『おふでさき』にも「めへ〳〵の心みのうちどのよふな　事でもしかとみなあらわすで（十二 171）」と、胸の掃除の契機として、心遣いを身上に表すと仰せになっています。

二ッ　ふしぎなたすけをしてゐれど
　　　あらはれでるのがいまはじめ

不思議なたすけをしているが、人の心が身上を通して明らかになるのは、今が初めてである。

郵便はがき

6 3 2 8 7 9 0

差出有効期間
2021年1月31
日まで

日本郵便天理郵便局 私書箱30号
天理教道友社

「みかぐらうた略解」係行

※書ける範囲で結構です。

| お名前 | （男・女）<br>歳 |
|---|---|
| ご住所（〒　　-　　）電話 | |
| ご職業 | 関心のある<br>出版分野は |

天理教信者の方は、次の中から該当する立場に○をつけてください。
- 教会長 ・教会長夫人 ・布教所長 ・教会役員
- 教人 ・よふぼく ・その他（　　　　　　）

ご購読ありがとうございました。今後の出版物の参考にさせていただきますので、下の項目についてご意見をお聞かせください。

**この本の出版を何でお知りになりましたか。**

1．『天理時報』『みちのとも』『人間いきいき通信』を見て
2．インターネットを見て
3．人にすすめられて
4．書店の店頭で見て（書店名　　　　　　　　　　　　　　　）
5．その他（　　　　　　　　　　　　　　　　　　　　　　　）

**本書についてのご感想をお聞かせください。**

道友社の出版物について、または今後刊行を希望される出版物について、ご意見がありましたらお書きください。

ご協力ありがとうございました。

親神は不思議なたすけをしているが、「あらはれでるのがいまはじめ」の解釈が難航しました。ここは「あらはれでる」の解釈と、それに関連して、「ふしぎなたすけ」は、立教以前からあったのか、あるいは立教以後についてのことなのかが議論になりました。

「あらはれでる」の解釈では、「親神が自ら直々表へ現れる」、「心通りを現れ出るようにする」などの意見が出ました。

立教以前からあったか、否かについては、五下り目に、「ふしぎなたすけハこのところ」と、世間にままあるたすけ場所と対比され、続いて「みづとかみとはおなじこと　こゝろのよごれをあらひきる」と、心を洗い切ることによって不思議なたすけをする、と本教のたすけの特質を明かされています。また、六下り目で、不思議なたすけをするについては、心を見定めてする、と仰しゃっていることを併せ考えると、いずれも立教以前のことを仰しゃっているとは考えにくい。したがって、立教以来、不思議なたすけをしているけれども、と解するのが良いと思われます。

それに伴って、「あらはれでる」の一番目の解釈は排除されます。

私としては、一ッの解釈と連動するのですが、〝人の心というものは簡単には分からない。心を見定め、心の汚れを洗い切って不思議なたすけをしているが、その分からない心が身上に現れることで明らかになる、表面化するのは今が初めてである〟と解釈します。不思議なたすけに浴し、この道について来た人々も、十ドにありますように、病の元が心からである、とまでは分かっていなかったということでしょう。

「あらはれでる」の用例は、『おふでさき』では、「しらしたらあらハれでるハきのどくや　いかなやまいも心からとて（一　24）」「やまいとてせかいなみでハないほどに　神のりいふくいまぞあらハす（一　25）」と、心遣いが身上に現れて明らかになると、身上を台にお諭しになっています。

立教以前にも、心通りの守護をして下さっていたに相違ありませんが、病気になっても、そこに込められた意味が分からなければ、心遣いの改めようがありません。ひたすら快癒を願うしかありません。身上障りは、胸の掃除をするように、心の向きを変えるようにとの親神様からのお知らせであることを教えて頂いて初めて、心の汚れを洗い、不思議なたすけに浴することができます。

ここの「あらはれ」の手振りは、三下り目の「十ド　このたびあらはれた　じつのかみにはさうゐない」のところで申しましたように、両人差し指で、腹前に平らに円を描く手振りをします。また、「十ド　このたびあらはれた　やまひのもとハこゝろから」も同じ手で、明らかになったの意味です。即ち、この手振りには、〝明らかになる〟という意味合いがあるわけです。

ただし、二ッでは、「あらはれでる」の「でる」のところで、両平手で少し斜め右前に、物を放り上げる格好の手振りをします。これは、よろづよの七歌「かみがでゝ」の「でゝ」の手振りと同じです。そこで、〝明らかになる〟プラス〝形に現れる〟と考えて、〝不思議なたすけをしているが、いま初めて人の心が身上に現れることで明らかになる〟と解釈するのが良いと思います。

ともあれ、こうした細かい議論もおろそかにしてはなりませんが、全体として何を仰しゃっているかを把握することが大切です。十下り目では、身上の患いがどこから来るのか、どうすればおたすけ頂けるのかという原則をお教え下さっています。

三ッ　みづのなかなるこのどろう
　　　はやくいだしてもらひたい

**水の中に混じっているこの泥を早く除去してもらいたい。**

「みづ」、人の心を水に譬え、心を濁らせる欲を「どろ」、泥に譬えての話です。この水、即ち、心の中に混じっている泥、欲を早く除いてもらいたい、取り去ってもらいたいとの仰せです。

四ッ　よくにきりないどろみづや
　　　こゝろすみきれごくらくや

**欲には際限がない、泥水のようなものである。心が澄み切ったならば、そのままにこの世の極楽とも言うべき境地になる。**

欲というものは、実に切りがない、際限のないものです。泥沼のようなものと言えるでしょうか。したがって、欲望の充足を追求する限りは、どこまで行っても満たされない。それを「こゝろすみきれごくらくや」、心が澄み切りさえしたならば、この世の極楽とも言うべき陽気づくめの境地に到ることができる、と仰しゃいます。非常に重要なメッセージです。

「こゝろすみきれごくらくや」は、これを裏返せば、心が泥水のように濁っていると、必然的に地獄のような姿になってくる、ということでもあるわけです。その点で申しますと、不思議なたすけを頂戴（ちょうだい）するためには、お願いしているだけでは駄目だということです。心の持ち方を変える必要がある。そのポイントは、心を澄ます、澄み切らせることだと仰しゃっているのであります。

五ッ　いつ〳〵までもこのことハ
　　はなしのたねになるほどに

末代までもこのことは、たすけ一条の話の種になるのである。

ここまで、特に四ッのお歌で仰しゃっていることは、末代までも「はなしのたね」、これは世間話の種などではなくて、たすけ一条の話の種になる、ということです。おたすけに際しての話の種、核になる。

六ッ　むごいことばをだしたるも
　　はやくたすけをいそぐから

酷(むご)い言葉で諭しているのも、一刻も早くたすけたいとの親心からである。

酷い言葉とありますが、実際には神様が口であれこれ仰しゃるというよりも、むしろ身上、あるいは事情を通してのお知らせ、お仕込みです。その意味を取り次ぐおたすけ人の言葉が、酷く響くこともあるでしょう。一見、酷いと思われるような身上、事情も、特に身上の障りですが、それも早くたすけてやりたいとの親心の上からの為されごとです。

七ッ　なんぎするのもこゝろから
　　　わがみうらみであるほどに

**難儀するのも我が心からであって、自分自身を恨むしかない。**

身上、事情を見せられて難儀不自由することになるのも、みな銘々の心遣い、通り方からなってきたことだから、人を恨んだり、世間を恨んだりするのではなく、「わがみうらみ」、自分を恨むよりない、と諭されます。自分を恨むとは、自分自身の心遣い、通り方を振り返り、反省して、自分の間違いを自覚し、改めるべきは改めることです。

八ッ　やまひはつらいものなれど
　　もとをしりたるものハない

**病は辛いものであるが、その元を知っている者はない。**

病気になっても、なぜ病気になるのか、という元、根本を知らないから、とかく苦しい、辛い、たすけてほしいだけに終始しがちです。

九ッ　このたびまでハいちれつに
　　やまひのもとハしれなんだ

この度までは皆一様に、病の元を知らずにいた。

この度までは、誰も病気の本当の原因を知らなかったということは、〝この度〟親神様が教祖のお口を通して初めてそれを教えて下さったということです。

十ド　このたびあらはれた
　やまひのもとハこゝろから

ついに、この度明らかになった、病の元は心遣いにあるということが。

病気は各自の心遣いに由来するということが明らかになった。お道のかしもの・かりものの教理を聞かせてもらって初めて、心遣いが身上に現れることを知り、病気は心の向きを変えるようにとの親神様からのお知らせであって、全てはたすけてやりたいとの親心から見せられることだと受けとめることができるのです。

十下り目では、人の心は容易に分からないものだが、身上に現れることで表面化するとし、病の元である心遣いを改めることによって不思議なたすけを顕すと教示されます。それについては、人の心を水に譬え、心を濁らせる欲を泥に譬えて、欲を払拭し、心が澄み切れば、生きながらにして極楽とも言うべき陽気づくめの境地に到ると、たすけの理話の核心を明かされます。

# 十一下り目

十一下り目は、七下り目で仰せの「ひのきしん」の実践を、土持ちを例に歌われます。十下り目で仰せの身上のおたすけを受けた人が、ご恩報じのひのきしんに、おぢばへ帰ってくるという繋(つな)がりです。最初に「ぢばさだめ」とありまして、まさに、ひのきしんはぢばへの伏せ込みです。

一ッ　ひのもとしよやしきの
　　かみのやかたのぢばさだめ

**月日の膝元(ひざもと)、庄屋敷にある神のやかたであるぢばを定める。**

「ひのもと」、月日の膝元である庄屋敷、その庄屋敷にある「かみのやかたのぢば」、この解釈が問題です。まず「かみのやかた」を神の坐(おわ)す所とするのか、あるいは神殿という建物と捉(とら)えるのか。また「ぢば」を固有名詞としての元のぢばとするのか、普通名詞の地場、場所と解するのかです。

　これについては二代真柱様のお話に、「神のやかたであるぢばを囲んでおやさとやかたを建て廻(めぐ)らす」とありますように、神の坐す所であるぢば、と解したいと思います。

　五下り目にも、「こゝはこのよのもとのぢば」とありますが、ぢば定めは明治八年とされていますから、これらのお歌を教えられた慶応三年からすれば、まだ大分先のことです。そんなこともあって、我々が今日使っている固有名詞としての人間宿し込みの元のぢば、という意味ではなく、普通名詞としての地場ではないか、という意見が出てくると思われます。しかし、人間はまだ知らなくても、親神様はこの重要な地点をもちろんご承知で、ぢば定めによって初めて人間に明かされたということです。もっとも、神殿と申しましても、本教の神殿の中心は元のぢば以外にあり得ないわけですから、結局は元のぢばに帰着します。

二ッ　ふうふそろうてひのきしん
　　　これがだいゝちものだねや

**夫婦が揃ってひのきしんをする。これが何より一番の物種である。**

夫婦が揃ってひのきしんをするのが、一番の「ものだね」であると仰しゃいます。「ものだね」とは、どういう種か。『おふでさき』の号外に、「にち〳〵に心つくしたものだねを　神がたしかにうけとりている」に始まる所謂〝ものだねのお歌〟三首があります。「ものだね」というのは、入り用な物が、入り用な時に、入り用なだけ、お与え頂ける種だとされています。我々はうっかりすると、そんなケチなことを言わずに、欲しい物が、欲しい時に、欲しいだけあれば、もっと良かろうに、と思ったりするのですが、それは却って争いの元になったり、道を誤ったりすることになりかねない。「物種」によるご守護こそ、最高のご守護だということです。
夫婦揃ってのひのきしんが、第一の物種になるという辺りにも、お道の教えは夫婦の在り方を非常に重んじる教えであることが窺えます。
一人でするひのきしんももちろん立派な徳積みですが、特に夫婦揃ってのひのきしんの意義を強調されています。

三ッ　みれバせかいがだん〳〵と
　　　もつこになうてひのきしん

**親神の目には、世界中の人々がだんだんと、もっこを担ってひのきしんをするようになる姿が見えている。**

親神様がご覧になると、「せかいが」世界の人々が、だんだんともっこを担いでひのきしんをするようになる光景がはっきりと見えている。まだ人間の目には見えないだろうが、という含みがあります。

**四ッ　よくをわすれてひのきしん**
**これがだいゝちこえとなる**

**欲を忘れてひのきしんをする。これが何より一番の肥やしとなる。**

二ッのお歌で「ものだね」、ここで「こえ」と仰しゃっているわけですが、肥料というのは、種の持つ可能性をより良く引き出すために施すものです。夫婦揃ってひのきしんの物種に、欲を忘れてひのきしんという肥を置けば申し分ありません。

五ッ　いつ〳〵までもつちもちや
　　　まだあるならバわしもゆこ

いついつまでも土持ちは続く。まだ続いているのなら、私も行って土持ちをしよう。

お道のふしんは、切りなしふしんです。したがって、「つちもち」、土持ちもいつまでも続きます。その土持ちがまだ続いているというのであれば、私も行って土持ちをさせて頂こう。土持ちは、ひのきしんの原点、代表格と言えるでしょう。それというのも、土持ちは誰にでもできる、特別な技術がなくても体力に応じてできるということがあると思います。また、ふしんの順序から申しますと、基礎工事のために地盤を掘り下げたり、基礎工事の後で埋め戻すといった、ふしんの最初にする作業だからでもありましょう。

六ッ　むりにとめるやないほどに
　　こゝろあるならたれなりと

無理に止め立てをするではない。その心があるならば誰なりと来るがよい。

まだ続いているならば、私も行って土持ちをしよう、と言っている人に対して、強いて止め立てをするのではないよ、と仰しゃる。親神様からすれば、その心があるならば誰であろうと、元の屋敷へ来て土持ちをしてもらいたいとのお気持ちです。

七ッ　なにかめづらしつちもちや
　　これがきしんとなるならバ

何とも珍しい土持ちである。これが寄進となるのならば。

「なにかめづらし」、何だか今まで聞いたこともない結構な話だ、土持ちが寄進になるとは。寄進は、「神仏に金銭や物品を捧げること」と辞書にありますように、普通は金銭や品物でするものです。ところが、土持ちという行為、行いが寄進になるというのですから、実に珍しい、聞いたことのない話だとなります。そこには、これは有り難い、結構な話だ、というニュアンスがこもっています。これが、ひのきしんという、お道ならではの信仰実践の重要なポイントです。身の働きを以てする寄進、お供えがひのきしんだ、ということであります。

もっとも、今日では、実際の建築現場で土持ちの出番はほとんどありません。しかし、お屋敷の普請に少しでもお役に立ちたい、との真実の発露という原点からすれば、今も様々な形態のひのきしんがあり得るでしょう。大きく言えば、陽気ぐらし世界の建設という世界のふしんに役立つあらゆる行為がひのきしんになると言えます。

教祖は、不思議なたすけに浴した人がご恩返しの方法をお伺いすると、「金や物でないで。救けてもらい嬉しいと思うなら、その喜びで、救けてほしいと願う人を救けに行く事が、一番の御恩返しやから、しっかりおたすけするように」（『稿本天理教教祖伝逸話篇』七二「救かる身やもの」）と仰せられました。こうしたご逸話が数多くあることからすると、身の働きを以てする寄進の最たるもの、言い換えれば最高のひのきしんは人だすけだと言えるでしょう。

## 八ッ　やしきのつちをほりとりて
## ところかへるばかりやで

**屋敷の土を掘り取って、移しかえるだけのことである。**

土持ちと言えば、基礎工事のために土を掘り取って、ほかの場所へ移す。そして、基礎工事がすんだら、また埋め戻しのために運んでくる。いわば、お屋敷の土を掘り取って、場所を移動させているだけのようなものです。お金や物による寄進と違って、そうした行為が寄進として受け取られるとは、実に有り難い、お道ならではのことです。これならどんな人でも子供でも、その心さえあればできます。
寺社の建築に際して、檀家(だんか)や氏子の人達が労力の奉仕をすることは、古くからあったでしょうが、それを寄進と位置づけるのは、本教独自のことです。

**九ッ　このたびまではいちれつに**
**むねがわからんざんねんな**

**この度までは皆一様に、親神の思いが分からずにきた。そのことが残念である。**

これまでは「いちれつに」、誰も彼も皆おしなべて、親神様の思召(おぼしめし)が分からないできた。それが実に残念だ、遺憾(いかん)だったとの仰せです。

十ド　ことしハこえおかず
じぶんものをつくりとり
やれたのもしやありがたや

**ついに今年は肥を置かずに十分に作物を収穫することができた。何と頼もしいことか。有り難いことか。**

七下り目九ッ、十ドに、神の田地(でんじ)に種を蒔(ま)いた人は、肥料を施さずとも収穫できる、とありましたが、人々が皆挙(こぞ)って、をやの思いが分かり、おぢばのふしんのためにと、夫婦揃って、また欲を忘れてひのきしんに馳(は)せ参ずるようになり、ついに今年は肥、即ち(すなわ)人為的な施策を講じなくとも、十分な収穫、成果を得ることができると、ぢばに伏せ込むひのきしんの有り難さをお歌い下さいます。

十一下り目では、親神様がお鎮まり下さる地点、ぢばを確定、明示することに始まり、もっぱら、ぢばへの伏せ込みであるひのきしんの実践についてお歌いになっています。夫婦揃って、欲を忘れてとひのきしんの心得を諭される一方、土持ちを例にひのきしんの意義を教示されます。親神の思いが分かり、ひのきしんに励むところ、ついには、ぢばに蒔いた真実の種は、人為的な計らいをしなくても、十分な収穫を得ることができると、喜びと感謝の言葉を以て結ばれます。

# 十二下り目

十一下り目では、もっぱらひのきしんについて仰せられ、特に基礎工事のための作業である土持ちを例として挙げられます。そうした基礎工事の上に、建物を建てる。いよいよ大工の出番です。大工は材木を細工し、組み上げていく役割の者ですから、世界のふしんの上から言えば、ようぼくを束ね、導くといった立場の人材でしょう。十二下り目は、大工、棟梁（とうりょう）をキーワードに、親神様の思召（おぼしめし）に沿うふしんの進め方をお述べになっています。

一ッ　いちにだいくのうかゞひに
なにかのこともまかせおく

**まずは大工の伺いに、どんなことも任せておく。**

この不思議なふしんの進め方に関して、まずは大工が神意をよくお伺いする。その伺いにどんなことも任せるとは、その伺った神意に基づいて万事を運ぶように、ということです。ここで言う大工は、ふしんの計画を立て、実施に当たっての指示や統括をする立場の者です。棟梁に相当する大工と申せましょう。そうした立場の者は、何かにつけ、まず親神様の思召をしっかりお尋ねする、お伺いすることが肝心です。

二ッ　ふしぎなふしんをするならバ
　　うかゞひたてゝいひつけよ

**不思議なふしんをするならば、伺いを立て、神意に則って言いつけるようにせよ。**

　ここで重ねて神意を尋ねるよう念を押しておられます。そのふしんが不思議なふしん、これまでにも仰しゃっていますお屋敷のふしん、また世界のふしん、親神様のお働きを戴いて、世界の人々が寄り集まって自ずと出来てくるという不思議なふしんであるならば、なおさら、まず伺いを立てねばなりません。そして、親神様の思召をよくお伺いした上で、それに基づいて指示をせよ、と仰しゃいます。

　これは、私ども教会をお預かりしている者が教会の普請をするというような場合にも忘れてはならない心得だと思います。親神様はどのように思召すか、思召に適っているかと、よくよく心を澄ましてお尋ねをすることが大切です。うっかりすると神様を後回しにして、人間の方ばかり向いて事を進めるようなことも無いとは言えません。神様の思召を伺う、思召に沿って進めるということが無ければ、不思議なふしんにならない、たすけふしんにならないのであります。

三ッ　みなせかいからだん〳〵と
　　　きたるだいくににほいかけ

**皆世界中からだんだんと、この屋敷へやって来た大工に、不思議なふしんの匂いをかけよ。**

世界中から次第に、順次この屋敷、おぢば、親里へやって来た、帰ってきた大工に「にほいかけ」をする。この「にほいかけ」は、所謂布教というような意味ではなく、その不思議なふしんについて匂わせる、知らせることです。大工というのは、おぢばへ帰ってきた大工の役割を務めるべき人材です。その者達に、この世界のふしん、不思議なふしんの構想について話を聞かせるように、との仰せです。

**四ッ　よきとうりやうかあるならバ**
**はやくこもとへよせておけ**

**良い棟梁があるならば、早くこの元の屋敷へ寄せておけ。**

棟梁は大工の親方です。大工をまとめる者、指揮する者という役割ですから、もう一つランクが上の立場、より責任の重い者であります。そうした良い棟梁になる人材があるならば、早く「こもと」、本元、本拠です。元の屋敷へ引き寄せておくように。

五ッ　いづれとうりやうよにんいる
　　　はやくうかゞいたてゝみよ

いずれは棟梁が四人必要である。早く神意を伺ってみよ。

「いづれ」、将来、ゆくゆくは。ゆくゆくは棟梁が四人「いる」、要る。四人必要になる。早く神意を尋ねるように。四人の棟梁とは、後に出てくるように、荒木棟梁、小細工棟梁、建前棟梁、かんな棟梁です。

六ッ　むりにこいとハいはんでな
　　　いづれだん〳〵つきくるで

無理に来いとは言わない。そのうち、だんだんとついて来る。

その者達に、無理やりに、無理にでも来いというようなことは言わない。しかし、「いづれだん〳〵」、そのうち次第に、自ら この道について来るようになる。

七ッ　なにかめづらしこのふしん
　　しかけたことならきりハない

**何とも珍しいこのふしんは、一旦取り掛かったならば際限なく続く。**

このふしん、不思議なふしんは、珍しい、今までに聞いたことのないようなふしんであって、ひと度取り掛かったならば、いつまでも続く。際限なく続く切りなしふしんです。この辺りに、このふしんが物質的な建築というより、むしろ精神的な、不断の営みであることが窺(うかが)えます。それは止まった時に停滞、後退が始まるということにもなりましょうか。

八ッ　やまのなかへとゆくならバ
　　あらきとうりやうつれてゆけ

山の中へ行くならば、荒木棟梁を連れて行け。

「やま」、未だ道が付いていない所です。本教にとって未開拓の地へ出向くのならば、「あらきとうりやう」、用材となる木を見いだし、伐り出す役割をする者達の棟梁を帯同するがよい。「あらき」に漢字を当てると荒木、もしくは新木となります。

九ッ　これハこざいくとうりやうや
　　たてまへとうりやうこれかんな

これは小細工棟梁である。これは建前棟梁、これはかんな棟梁と、それぞれの役割がある。

四人の棟梁の呼称が次々挙がっています。小細工棟梁とは、その伐り出してきた木に細工をする大工の棟梁です。切ったり削ったりして、それを組み上げるための細工をする者の棟梁。そして建前棟梁、これは造作を施した木を組み上げる役目の棟梁。昔ながらの木造建築の進め方で申しますと、棟上げの時には、まず柱を立てて、それに棟をはじめ梁(はり)や桁(けた)など横の繋(つな)ぎ材を渡します。これを建前と言います。その建前棟梁。そして「これかんな」、果たして「かんな棟梁」というのがあるのか、という気はしますが、一応「かんな棟梁」としておきましょう。実際にあるかどうかより、ここでは役割の分掌、順序に力点があります。その意味では、仕上げをすると申しますか、表面をなめらかに仕上げる作業を統括する棟梁です。それら四人の棟梁が担(にな)うそれぞれの役割を仰しゃっています。未開の山中へも入り込んで、これという木を見いだし、伐り出してくる役割。さらに、それに細工を加えて家の形に組み上げるための下ごしらえをする役目。そして、その細工された木、部材を組み立てる者。その上に、仕上げの役目を担う者。そうしたそれぞれの役割に携わる者達を束ね、指揮する者、これを四人の棟梁と仰しゃっています。
これは、私達がお道の御用を進めていく上でも、そのようないろんな役割を担う者がいて、また、その者達を束ね、指図する者が要るということです。その全員が、それぞれの役目をしっかり果たすと共に、一つの目標に向かって、一手一つになるところに、ふしんが立派に出来上がっていくのであります。

十ド　このたびいちれつに
だいくのにんもそろひきた

**かくてこの度、皆一斉に、棟梁以下、大工の人衆も全て揃い、不思議なふしんに掛かる段取りが整った。**

ついに、この度は大工およびそれを采配するそれぞれの棟梁も全て揃って、世界のふしん、陽気ぐらし世界建設の態勢が整った。これからふしんを推し進めるという勇んだお歌で締め括られています。建築が出来上がった、というのではなくて、建築に掛かる態勢が出来た。さあ掛かるぞ、という張り切ったお歌を十二下りの結びに配しておられます。

十二下り目では、不思議なふしんを進めるには、万事、大工の立場にある者が、まず神意を伺い、それに基づいて指図をするようにと諭されます。また、大工を采配する四人の棟梁を挙げて、その引き寄せ、役割を述べ、いよいよ大工の人数も揃ったとの建築に取り掛かる勇みの中に、十二下りを締め括られます。

# まとめ

## かぐら

かぐらの第一節では、人間が親神様に、諸悪を祓(はら)ってどうかおたすけ下さいませ、と繰り返し神名を唱えてお縋(すが)りします。

その祈願に対して親神様は、まず第二節「ちよとはなし」で、この世の元初まりに、地と天を象(かたど)って夫婦の雛型(ひながた)を拵(こしら)え、月日が入り込んで、元の子数を宿し込み、今日に到(いた)ったと、お応えになります。これは元の理の話の核心部分です。今に至る夫婦の理合いを説いて、その一手一つの働きこそが、家族の治まり、世の治まり、陽気ぐらしへの道の土台であり、出発点だと、たすかるための元、原理をお明かしになります。

さらに第三節で、親神は、諸悪を一掃して、早く真実にたすけてやりたいと急いでいる。そのたすけとは、世界中の人々の心を澄まして、かんろだいを名実共に建て上げることである、と本教の目指すところを示し、そのためにも神意を体したようぼくの働きを促されます。

かぐらはつとめの主部です。人が繰り返したすけを乞い願うのに対し、親神様は、まず人間の元を明かし、夫婦の理合いを説いてたすけの土台を諭され、次いで、神の急ぐ真実のたすけは、世界中の人間の心を澄まし、かんろだい世界（陽気ぐらし）を実現することだとして、ようぼくの実働を促されます。

## てをどり

おふでさき冒頭の八首に由来する「よろづよ」では、立教に際しての思いを、神が世の表に現れて、ぢばをはじめ、万事の元々の由来を教えて、世界中の人間を勇ませてたすけると、ご宣言になっています。元を教えてたすけることは、本教のたすけの神髄です。

一下り目では、肥のさづけを戴く喜びに始まり、誠真実の心を定めて信心に励むならば、豊作を恵み、さらには、至るところ豊年満作になると、一層の信心を促され、ついには、常に入り用なだけの収穫を請け合うと、農事に託して、この道の信心の有り難さを歌われます。

二下り目では、陽気なおつとめ、また、勇んだひのきしんが身に付いて良き仕合わせとなり、さらには、世があるべき姿に改まる。また、誰もが教えを信奉し、難渋する人を救い上げるようになれば、内乱や病気も根絶される。その心を定めて変わらないならば、土地所、ひいては世界が治まる、と頼もしい未来を約束下さっています。

三下り目では、つとめによるたすけが前面に出てきます。つとめは元のぢばで勤められること。また、つとめ場所は自発的なひのきしんによって出来上がると仰せられ、このつとめによってこそ実のたすけ、やがてはめづらしたすけがもたらされると教示されます。さらに、人々には神にもたれる一すじ心をお求めになり、信心に励み、健康に感謝してひのきしんに努める中に、この神様こそ元の神、実の神であるとの確信に到ると仰せられます。

四下り目では、信心の道中で出合う反対や中傷に心乱すことなく、親神様を目標（めど）に、夫婦の心を治め、そのおつとめを勤めるよう励まされます。また、万事にたすけ合うようになれば、病は根絶され、心は勇み、親里はさながら、この世の極楽となり、心澄み切った喜びと感謝の境地に到ると仰せられます。

五下り目では、元のぢば故のたすけをお歌いになっています。世間に数ある修理肥の教えとは違って、ここ元のぢばで啓（ひら）かれた教えの特質は、心の汚れを洗い切って不思議なたすけを顕（あらわ）すことにあるとして、欲を去れば陽気づくめになると教示されます。さらに、人を思いやるやさしい心になるよう求められ、この道は元のぢばで啓かれた世界たすけの教えであるとし、そのためにも、講を結ぶよう促されます。

六下り目では、まず、不思議なたすけを顕すについては、銘々の心を全て見定めてすると仰せられます。また、つとめこそがこの道のたすけの根本であり、やがてはめづらしたすけをもたらすと急所を明示されます。また、信心する者の心得について、むやみに願い出る心得違いを戒められる一方、長らくの信心の功能として、扇のさづけを渡すと楽しみの道を示されます。

ここまでが所謂（いわゆる）、前半です。

七下り目では、一言ひのきしんの話をすると前置きされて、田地（でんじ）に託して、この元の屋敷こそ神の田地、蒔（ま）いた種が皆生える最高の田地であると、真実を明かされます。ぢばが一切の守護の元であるならばと、真実の種蒔き、即（すなわ）ち、ひのきしんに帰り来る人々に、人為的な策を講じなくても十分な天の与えを恵むことを約束されます。世界のふしんが後半の主題ですが、その初めに、ぢばに伏せ込むひのきしんを仰（おっ）しゃいます。世界のふしんは、ひのきしんによって進められるということです。

八下り目では、不思議なふしんに取り掛かるに際しての心構えを仕込まれます。不思議なふしんは、世界中から参集する人々のひのきしんによって、自（おの）ずと出来てくると、まず原則を示されます。また、欲の心を忘れ、誠真実の心を定めるよう求められると共に、むやみに急がず、よくよく思案し、何ほどか心を澄ました上で、ふしんに着手するよう諭されます。一方、ふしんの用材、人材は、予（あらかじ）め神が見いだし、見定めた上で段取りをすると安堵（あんど）させられると共に、ついには人々の心が澄み切るに到ると請け合われます。

九下り目は、人材、ようぼくの引き出しが主題です。広い世界を駆け巡り、人々の心を洗ってたすけをすると宣べ、難儀不自由の因である我欲を捨て、神にもたれよと諭されます。また、この道に進み出るには、欲を道連れの信仰を戒め、しっかりと思案をし、心を定めるよう重ねて求められます。さらに、同じく「天理王命」と神名を唱えてつとめをするからには、本元であるぢばへ出向くようにと、ようぼくの引き出しの次第を示されます。

十下り目では、人材の引き出しに際してのおたすけの要諦を、心澄み切れ極楽や、病の元は心からと明かされます。心遣いが身上に現れるとし、人の心を水に譬え、それを濁らせる欲の心を泥に譬えて、欲を払拭し心が澄み切れば、生きながらにして極楽の境地に到ること、また病はたすけたい親心から見せるのであって、心を改めれば治ると、おたすけ話の核心を諭されます。

十一下り目では、不思議なたすけに浴した人々が、ご恩報じにとおぢばに馳せ参じる姿を通して、ひのきしんの心得、意義を歌われます。ぢば定めに始まり、ぢばへの伏せ込みであるひのきしんについて、夫婦揃って、欲を忘れてと、ひのきしんの心得を諭される一方、土持ちを例に、ひのきしんは身を以てするお供えだと、その意義を明示されます。をやの思いが分かり、ひのきしんに励むところ、ついには、ぢばに蒔いた真実の種は、何の計らいをせずとも、十分な収穫を得ることができると、喜びと感謝の言葉を以て結ばれます。

十二下り目では、土持ちひのきしんによる基礎工事の上に、いよいよ建築です。不思議なふしんを進めるには、万事大工の立場にある者が、まず神意を伺い、それに基づいて指図をするようにと諭されます。また、大工を采配する四人の棟梁を挙げて、その引き寄せ、役割を述べ、いよいよ大工の人数も揃ったとの勇みの中に、十二下りを締め括られます。

先にも触れましたが、てをどりのお歌では、前半では、よろづよで立教に際しての世界たすけの思召、および本教のたすけの特質を、元を教えて勇ませてたすけると述べられ、一下り目、二下り目と、信心の有り難さを豊作に、また身の仕合わせ、世の治まりを例に歌われます。さらに、三下り目からは、つとめをキーワードに、つとめの場所が世の元であり、そのふしんがひのきしんによって出来上がること、さらにつとめこそがたすけの根本であり、究極のめづらしたすけをもたらすことを示されます。また、銘々には、心得違いを戒め、神を目標の一すじ心を求められ、心を洗い、心を見定めての不思議なたすけ、元のぢば故のたすけに言及されます。そうした教えの角目（かどめ）、また信心の心得といった基本的な事柄を示して、銘々の成人を促されます。

　後半では世界のふしんを進める段取りを、ひのきしんを軸にして展開されます。まず、ひのきしんとは神の田地への種蒔きであると教示されます。次いで不思議なふしんに取り掛かる心構えを仕込み、世界のふしんのための人材の引き出し、それに際してのおたすけの要諦を、心澄み切れ極楽や、病の元は心からと明かされます。さらに、報恩のひのきしんの実践について、その心得、また意義を土持ちを例に述べられます。そして、世界のふしんを采配、指導する棟梁、大工の役割と引き寄せを述べ、全ての人衆が揃ったとの勇みを以て、十二下りを締め括られます。

全体を概観して、今さらのように感じるのは、『みかぐらうた』がつとめの地歌であることはもとよりですが、同時に、身近な教理のエッセンスを順序立てて述べられた原典であるということです。

そうした流れをも念頭に置いて、『みかぐらうた』を唱え、味わわせて頂きたいと思います。また、各下りのテーマを意識すると、お手を振る際にも、思召を味わうという意味でも、また間違えないためにもよいと思います。

途中、少し細かい話もしたりして、紛らわしいと思われた方もあるかもしれません。そうした議論もしなければならないのですが、そこに捉われてしまって、よく分からないということになったのでは詰まりません。全体としての思召ははっきりしているのですが、まだまだ我々の思案が足りない点は多々あると思います。これからも思案を深め、思召をより良く味わわせてもらえるよう努力を重ねていかねばならない、と思っています。

**上田嘉太郎**（うえだ・よしたろう）
昭和20年（1945年）、奈良県生まれ。京都大学大学院理学研究科修士課程修了。同55年、浪華（なにわ）分教会長。同60年、別席取次人。同61年、本部准員。平成元年（1989年）、海外布教伝道部アメリカ二課長。同４年、海外布教伝道部翻訳課長。同８年、本部員。同10年、道友社長、常詰、宗教法人天理教責任役員。同11年、天理やまと文化会議議長。同21年、表統領、宗教法人天理教代表役員（同27年３月まで）。
著書に『お道の視点から』『おふでさき通解』（いずれも道友社）、『基本教理を身につけよう』（浪華分教会）がある。

みかぐらうた略解（りゃっかい）

立教182年（2019年）２月１日　初版第１刷発行

著　者　上田嘉太郎

発行所　天理教道友社
〒632-8686　奈良県天理市三島町１番地１
電話　0743（62）5388
振替　00900-7-10367

TENRIKYO DOYUSHA

印刷所　株式会社天理時報社
〒632-0083　奈良県天理市稲葉町80


ISBN978-4-8073-0623-7
定価はカバーに表示